Carlo Masala

WELTUNORDNUNG

Die globalen Krisen und die Illusionen des Westens

C.H.Beck

1. Auflage. 2016
2., durchgesehene und erweiterte Auflage. 2018
3., aktualisierte Auflage. 2022
4.–7. Auflage. 2022

Mit 8 Graphiken und 2 Karten

Originalausgabe
8. Auflage. 2023
© Verlag C.H.Beck oHG, München 2016
www.chbeck.de
Satz: C.H.Beck.Media.Solutions, Nördlingen
Druck und Bindung: Pustet, Regensburg
Umschlagabbildung: Russische Panzerhaubitze an der Grenze
zur Ukraine am 24. Februar 2022, © picture alliance/dpa/TASS
Printed in Germany
ISBN 978 3 406 79325 7

myclimate

klimaneutral produziert
www.chbeck.de/nachhaltig

Inhaltsverzeichnis

«Wäre Tun so leicht wie Wissen, was
gut zu tun ist, so wären Kapellen
Kirchen geworden und armer Leute
Hütten Fürstenpaläste.»
(Portia im «Kaufmann von Venedig»)

«And of course, stability isn't nearly
so spectacular as instability.»
(A. Huxley: Brave New World)

Einleitung

Als der Ost-West-Konflikt mit dem Fall der Mauer und der Implosion der Sowjetunion zu Ende ging, herrschte allerorten Euphorie. Das Ende der Geschichte, der Beginn des ewigen Friedens oder die gemeinsame globale Verantwortung aller Staaten für das Schicksal der Menschheit – dies sind nur einige Metaphern für den damals verbreiteten Optimismus, dass nach fast 45 Jahren harter Konfrontation zwischen den Blöcken nunmehr ein Zeitalter des Friedens und der Stabilität anbrechen würde.

Blicken wir auf die internationale Politik des 21. Jahrhunderts, dann bietet sich dem Betrachter ein gänzlich anderes, chaotisches, in Teilen beängstigendes Bild. Vermeintlich mächtige Staaten verlieren Kriege gegen schwächere Gegner; der Krieg zwischen Staaten, der vielen als ein Relikt der Politik des 18. und 19. Jahrhunderts galt, kehrt auf die globale Bühne zurück; multinationale Konzerne sowie unsichtbare Akteure wie Finanzmärkte scheinen eine kaum einzuhegende Machtfülle zu besitzen. An allen Ecken und Enden des Globus zerfallen Staaten, zumeist gewaltsam. Globale und regionale Institutionen verlieren zusehends an Einfluss.

Glauben Staaten, dass sie ein Problem im Griff haben, tritt ein neues zutage – oder die Lösung eines Problems bringt ein anderes hervor. Darüber hinaus treten eine Vielzahl neuer Sicherheitsrisiken auf den Plan (etwa Terrorismus, Pandemien, Klimawandel), deren Unberechenbarkeit und Anonymität den meisten Menschen Angst machen und Staaten vor bislang nicht gekannte Herausforderungen stellen.

«Die Welt ist aus den Fugen geraten. Wir erleben eine Krisendichte wie seit 20 Jahren nicht mehr. Aber es ist nicht nur die Krisendichte, sondern auch die unterschiedlichen Akteure und die asymmetrischen Konflikte, die die Lage so kompliziert machen», fasste Frank-Walter Steinmeier diese Eindrücke unlängst zusammen.[1] Wenn selbst führende Außenpolitiker die Welt als Chaos erleben, dann verwundert es nicht, dass der Eindruck, in einer unberechenbaren Zeit zu leben, auch in der Bevölkerung weitverbreitet ist.[2] Ein kluger Beobachter, Robert Kaplan, hat bereits Anfang des neuen Millenniums eine neue «Anarchie» vorausgesehen, und die Band R.E.M. liefert mit ihrem 1987 veröffentlichten Song «It's the end of the World as we know it» scheinbar den Soundtrack für die internationale Politik des 21. Jahrhunderts.

Parallel zu diesem vermeintlichen Chaos, das die internationale Politik kennzeichnet, erleben wir seit nunmehr fast 30 Jahren unzählige Versuche und Bemühungen, eine neue Ordnung zu etablieren. Die Konzepte, die vorgelegt, entwickelt und in der politischen Praxis ausprobiert wurden, sind Legion. Sie reichen von Ideen wie einem neuen globalen Machtkonzert über mehr imperiale Führung, stärkere globale Organisationen und regionale Integration nach dem Vorbild der Europäischen Union bis zu utopischen Ideen wie der Gründung einer Weltföderation. Sie alle haben aber bislang nicht zu einer stabilen Ordnung für das 21. Jahrhundert geführt.

Im Gegenteil, die Versuche der «westlichen» Welt, nach dem Ende des Ost-West-Konfliktes eine neue globale Ordnung zu schaffen, haben in einem nicht unerheblichen Maße dazu beigetragen, dass wir heute in einer Welt der Unordnung leben. Diese These mag verwundern, wird doch in der Politik, in den Medien und im Journalismus oftmals argumentiert, dass das Chaos, das in Regionen wie dem Mittleren und Nahen Osten oder in Teilen Afrikas herrscht, primär von einer fehlgeleiteten Politik der Akteure in der Region herrührt und nicht die Konsequenz der Politik des Westens ist. Und es ist auch erstaunlich, wie wenig der «Westen» aus seiner fehlgeschlagenen Politik der Universalisierung seiner Werte und

Normen gelernt hat. So als ob es das Scheitern in Afghanistan (2001), im Irak (2003) oder in Libyen (2011) nie gegeben hätte, erschallt bei fast jeder neuen Krise, jedem neuen Konflikt sofort der Ruf nach Intervention des Westens und wird die Demokratisierung als Allheilmittel der Konfliktlösung propagiert. Aber die Versuche, die Demokratie global auszuweiten oder die internationale Politik immer stärker den Regeln des Rechts zu unterwerfen, stießen und stoßen auf den Widerstand eines nicht unerheblichen Teils der Staaten im internationalen System. Der Versuch, die Welt zu verwestlichen, ist, so kann man mehr als 25 Jahre nach dem Ende der globalen Machtkonfrontation zwischen den USA und der UdSSR mit Recht behaupten, gescheitert. Dies ist eine der zentralen Thesen dieses Buches.

Optimisten sehen die Gegenwart als ein Interregnum, einen Zwischenzustand, der über kurz oder lang zu Ende gehen wird.[3] Sie sind unterschiedlicher Auffassung darüber, wie dieses Ende aussehen wird. Gemein ist ihnen allen jedoch, dass sie schließlich eine neue Ordnung, Stabilität und, bis zu einem gewissen Grade, Berechenbarkeit erwarten. Pessimisten hingegen befürchten, oftmals in Szenarien, die von Oswald Spenglers Diagnose eines «Untergangs des Abendlandes» inspiriert erscheinen, dass das internationale System auf Dauer ins Chaos abgleiten wird,[4] in einen Zustand, den Thomas Hobbes vor Jahrhunderten als «Krieg aller gegen alle» bezeichnet hat.[5] Am Vorabend der hundertsten Wiederkehr des Beginns des Ersten Weltkrieges machten Analogien zu 1914 die Runde.[6] Hysterische Beobachter zogen angesichts des Russisch-Ukrainischen Krieges gar einen Vergleich mit dem September 1939.[7] Alle Pessimisten eint die Furcht, dass die Großmächte des gegenwärtigen internationalen Systems, wie einst 1914, wie Schlafwandler[8] oder gar bewusst[9] in eine erneute militärische Auseinandersetzung hineinschlittern, die diesmal jedoch unter Rückgriff auf Nuklearwaffen geführt werden würde. Als Motto könnte den Pessimisten der Warnruf Eddard Starks aus

«Game of Thrones» gelten: «...now winter is truly coming. In the winter, we must protect ourselves...». Ihre Vorstellungen der Wiederherstellung von Ordnung in der internationalen Politik gehen zumeist mit dem Gedanken einher, dass ein Staat, mehrere Staaten oder gar eine internationale Organisation die Führung in diesem Prozess übernehmen muss.

Die Frage nach der möglichen zukünftigen Ordnung ist für Politiker, Wissenschaftler, aber auch für die Bürger zentral, denn in ihr drückt sich ein zutiefst menschliches Bedürfnis aus. Der Politikwissenschaftler Hedley Bull hat Ordnung sowohl im Zusammenleben einzelner Menschen als auch in sozialen Gruppen oder zwischen Staaten definiert als ein Muster, das zu einem bestimmten Ergebnis führt, als ein Arrangement des sozialen Lebens, das bestimmte Ziele oder Werte befördert.[10] Für Individuen bedeutet Ordnung Berechenbarkeit, Verhaltenssicherheit und letzten Endes auch die Garantie für ihr physisches Überleben.[11] Lebewesen versuchen Unordnung immer wieder in Ordnung zu überführen.[12] Sie soll den «Krieg aller gegen alle» verhindern, den der Philosoph Thomas Hobbes als den Urzustand allen menschlichen Zusammenlebens sah. Herrscht Unordnung, gibt es dagegen keine Vorhersagbarkeit. Entwicklungen folgen scheinbar keiner inneren Logik oder aus der Vergangenheit bekannten Prinzipien.[13] Mit einer Eskalation hin zu individueller oder kollektiver Gewaltanwendung muss jederzeit gerechnet werden. Dauerhafte Unordnung ist für Individuen und kollektive Akteure schwer zu ertragen.[14] Es scheint dem Menschen eine angeborene Erwartung zu sein, «Regelmäßigkeiten zu finden», wie es der Philosoph Karl Raimund Popper formulierte.[15]

Leider spricht heutzutage vieles dafür, dass genau diese Unordnung, die Akademiker, Praktiker und die an internationaler Politik interessierten Bürger beunruhigt, mehr als eine Übergangsphase ist; weniger Interregnum als vielmehr Stabilis. Sie ist der Zustand, an den wir uns, auch wenn er unserer ordnungsliebenden Natur zuwiderläuft, gewöhnen sollten –

und an den sich staatliche Politik anpassen muss. Dies ist die zweite These des vorliegenden Buches.

Es geht der Frage nach, wie und warum die Versuche der westlichen Welt, nach 1990 eine «neue» globale Ordnung zu schaffen, gescheitert sind und unter welchen Rahmenbedingungen Staaten und nicht-staatliche Akteure im internationalen Bereich zukünftig handeln werden. Viel ist bereits darüber nachgedacht und geschrieben worden. Die bisherige Literatur zur neuen Weltordnung orientiert sich jedoch entweder an historischen Phasen der Neuordnung, aus denen sie Orientierung gewinnen will, oder sie beschreibt wünschbare Ordnungen.

Dieses Buch verfolgt eine andere Zielsetzung. Es geht davon aus, dass die sich in der internationalen Politik seit nunmehr fast 30 Jahren herausbildende (Un-)Ordnung keine historischen Vorläufer hat. Daher kann ein Blick in die Geschichte uns auch keinen Aufschluss darüber geben, was für eine Ordnung wir zukünftig zu erwarten haben und wie Staaten sich verhalten werden und sollen. Und dieses Buch stellt auch nicht den Versuch dar, eine bestimmte, vom Verfasser gewünschte Ordnung der internationalen Politik im 21. Jahrhundert zu entwerfen. Es wendet sich gegen all jene in Politik, Medien und Wissenschaft, die ihre Analysen und Kommentare der internationalen Politik oder gar ihre konkreten politischen Forderungen von dem gefährlichen Wunschdenken leiten lassen, dass es ein bestimmtes liberales Modell für eine neue Weltordnung gebe, dem man notfalls mit Gewalt zum Durchbruch verhelfen müsse. Wunschdenken ist jedoch kein guter Ratgeber für eine kluge Politik. Sie muss vielmehr mit den Realitäten rechnen und das Erreichbare gegen das Wünschbare abwägen. So sehr wir uns über bestimmte Potentaten aufregen mögen und so sehr wir politische Systeme verachten, die nicht unseren Maßstäben entsprechen: Wir können uns nicht aussuchen, wer in anderen Teilen der Welt die Macht besitzt. Kluge Politik muss auch mit Diktatoren verhandeln, die wir für ihre

Taten verabscheuen. Wer versucht, die eigene Außenpolitik allein an moralischen Maßstäben auszurichten, und die Welt nach den Kategorien von Gut und Böse einteilt, der wird nicht Ordnung schaffen, sondern nur immer wieder neues Chaos anrichten – insbesondere dann, wenn er auf den Gedanken verfällt, das Gute herbeibomben zu wollen. Insofern ist das vorliegende Buch auch als ein Plädoyer für eine kluge, realistische Politik für das 21. Jahrhundert zu verstehen.

Daher soll hier zunächst einmal die (Un-)Ordnung der Gegenwart analysiert werden, von der der Verfasser glaubt, dass sie auf lange Sicht Bestand haben wird. Sie gibt den Rahmen vor, in dem sich die internationale Politik des 21. Jahrhunderts abspielen wird und zeichnet sich im Wesentlichen dadurch aus, dass sie keine festen Strukturen kennt. Sie ist von Ad-hoc-Entwicklungen gekennzeichnet, in denen sich immer neue Koalitionen oder Gruppen von Staaten zusammenfinden, um den Versuch zu unternehmen, Probleme zu lösen. Diese Bemühungen werden mal mehr und mal weniger von Erfolg gekrönt sein, doch es bildet sich keinerlei feste Ordnung heraus. Die internationale Politik wird auf lange Zeit unübersichtlich bleiben und wir müssen uns darauf einstellen. Das Klein-Klein der konkreten Problemlösung in wechselnden Koalitionen wird wichtiger als große Visionen einer neuen Weltordnung. Stabilität und Frieden rücken in den Vordergrund gegenüber Moral und Demokratie. Nichteinmischung in die Angelegenheiten anderer Staaten gewinnt wieder die Oberhand gegenüber humanitären Interventionen und Regimechange.

Anders als die meisten Pessimisten meinen, bedeutet die neue Weltunordnung jedoch keinesfalls, dass wir uns auf dem Weg in ein neues «dunkles Zeitalter» befinden. Wie ich im Verlauf des Buches darlegen werde, besteht einer der Vorteile der «neuen» internationalen Politik darin, dass ein großer, umfassender, mit Nuklearwaffen geführter Krieg zwischen den bereits existierenden und den zukünftigen Großmächten im internationalen System auf absehbare Zeit ausgeschlossen werden kann. Der «lange Frieden»,[16] der seit dem Ende des Zweiten Weltkrieges zwischen den Großmächten herrscht, und den Ausbruch eines heißen Dritten Weltkrieges verhindert hat, wird uns auch im 21. Jahrhundert erhalten bleiben.

Allerdings werden wir uns daran gewöhnen müssen, dass Großmächte außerhalb ihres unmittelbaren Einflussbereichs nur noch begrenzt Macht ausüben können, dass sie neben dem Willen, einen umfassenden Krieg zu vermeiden, kaum gemeinsame Interessen und Vorstellungen dahingehend haben (und auch nicht entwickeln werden), wie eine stabile Struktur der internationalen Politik des 21. Jahrhunderts aussehen könnte und dass viele Regionen dieser Welt auf unabsehbare Zeit ins Chaos abgleiten, wodurch Krieg, Staatszerfall und terroristische Aktivitäten das Bild prägen werden, das sich uns dort bietet.

Dieses Buch ist aus einer realistischen Sichtweise heraus verfasst und wendet sich dezidiert gegen eine liberale Betrachtung der internationalen Politik. Liberale haben eine optimistische Perspektive auf das internationale Geschehen. Sie gehen davon aus, dass es möglich ist, die Konfliktanfälligkeit auf der internationalen Ebene durch gute und kluge Politik zu minimieren und den Wohlstand für alle in der Welt zu mehren. Zentral für liberales Denken ist die Überzeugung, dass es so etwas wie «gute» und «böse» Staaten gibt, wobei gute Staaten sich durch ihre demokratische Regierungsform auszeichnen. Daraus folgt aus liberaler Sicht, dass eine Welt voller Demokratien eine friedfertigere wäre, in der Macht und das Streben nach Macht zunehmend irrelevant werden. Je demokratischer die Welt wird, so die Auffassung liberaler Theoretiker, desto mehr Kooperation wird es zwischen Staaten geben, desto mehr wird sich internationale Politik am Allgemeinwohl orientieren. Wenn eine liberale Sicht auf die internationale Politik in Staaten mit großen Machtpotenzialen dominiert, dann wird sie gefährlich. Denn dann werden Staaten versucht sein, diese

Sichtweise mit den ihnen zur Verfügung stehenden Machtmitteln umzusetzen.

Dem stelle ich eine realistische Sichtweise auf die internationale Politik entgegen, die von der Annahme ausgeht, dass internationale Politik primär durch das Streben nach Macht gekennzeichnet ist. In einer Welt, in der es keine den Staaten übergeordnete Instanz gibt, die darüber wacht, dass Regeln eingehalten werden und die, wenn Regeln verletzt werden, diese automatisch sanktioniert, sind Staaten stets um ihre eigene Sicherheit besorgt. Und um diese zu garantieren, streben sie nach Macht. Dadurch entsteht zwischen Staaten ein Wettbewerb, der durchaus in Krieg münden kann. Großmächte sind in dieser Sichtweise die eigentlichen und zentralen Antriebskräfte der internationalen Politik. Sie ringen miteinander um regionale und letzten Endes auch um globale Vorherrschaft. Ihr Handeln wird nicht durch eine Orientierung am Allgemeinwohl motiviert, sondern durch ihre nationalen Interessen (was immer sie dafür halten). Institutionen, Regeln und Normen sowie das Völkerrecht haben in meiner realistischen Sichtweise eine eher nachrangige Bedeutung zur Erklärung der internationalen Politik.

Dieses Buch ist auch als Einmischung eines Politikwissenschaftlers in die öffentliche Debatte in Deutschland gedacht und konzipiert. Es wendet sich zuvorderst an die interessierte und weniger an die Fach-Öffentlichkeit. Während Wirtschaftswissenschaftler und Historiker häufig als öffentliche Intellektuelle auftreten und auch Gehör finden, sind es oftmals Journalisten oder selbsternannte Experten, die zu Fragen der internationalen Politik in den Medien auftreten und die Debatten in Deutschland beeinflussen. Ursächlich hierfür ist u. a. der selbstgewählte Rückzug der deutschen Politikwissenschaft (ich spreche hier insbesondere von meiner Teildisziplin, den Internationalen Beziehungen) in den Elfenbeinturm der Wissenschaft. Politikwissenschaft, die sich in öffentliche Debatten einmischt, Position bezieht, gilt vielen Kolleginnen

und Kollegen als unseriös und ist in der deutschen Wissen-
schaftslandschaft nicht karrierefördernd. Dabei, so ist meine
Überzeugung, hat die Politikwissenschaft der Öffentlichkeit
gegenüber nicht nur eine Verantwortung, sich mitzuteilen, sie
hat ihr darüber hinaus auch einiges zu sagen. Nicht im Duktus
eines Oberlehrers, sondern eher im Sinne eines Übersetzers,
dessen Aufgabe es ist, wissenschaftliche Erkenntnisse oder
Debatten um aktuelle Fragen der internationalen Politik in
eine Sprache zu übersetzen, die «jeder versteht». Dies will das
vorliegende Buch versuchen. Es will übersetzen und dabei
auch Position beziehen, nicht im Akademischen verweilen.
Dies wird hoffentlich zu Kontroversen führen, zu Debatten
über zugespitzte Thesen und Argumente.

1. Die Illusionen des Westens

Am 11. September 1990, am Vorabend des zweiten Irakkrieges, hielt der 41. Präsident der Vereinigten Staaten, George H. W. Bush, anlässlich einer gemeinsamen Sitzung des US-Repräsentantenhauses und des US-Senats eine Rede, in der er seine Vorstellung einer neuen Weltordnung darlegte. Zwar existierte die Sowjetunion noch, aber der Ost-West-Konflikt neigte sich unweigerlich seinem Ende zu. Zudem hatte Moskau im UN-Sicherheitsrat mit den USA für die Resolution 678 gestimmt, die einer Koalition der Willigen und Fähigen erlaubte, mit allen notwendigen Mitteln (inklusive militärischer) den Irak zur Aufgabe der Besetzung Kuwaits zu zwingen.

In dieser Situation formulierte der Präsident seine Vision zukünftiger internationaler Politik. Laut George Bush gäbe es die einzigartige Möglichkeit, eine Welt zu erschaffen, in der die Menschen frei von der Angst vor Terror leben könnten, in der die Beziehungen zwischen den großen Mächten, zwischen allen Staaten, durch das internationale Recht und nicht das Recht des Stärkeren geprägt seien; eine Welt, die insgesamt sicherer und friedfertiger sein würde.[1]

Und in der Tat schienen 1990 die Voraussetzungen für diese andere Welt gegeben zu sein. Zum ersten Mal in der Geschichte der internationalen Beziehungen veränderte sich die Machtstruktur des internationalen Systems (von der Bizur Unipolarität) nicht infolge eines großen Krieges, sondern aufgrund der Tatsache, dass ein Akteur (die UdSSR) als Machtfaktor wegbrach. Und der Glaube, dass mit dem Ende der macht- und ordnungspolitischen Konfrontation zwischen Ost und West das Zeitalter des «ewigen Friedens» angebrochen sei, war nicht nur bei politischen Idealisten weitverbreitet.

Heute lässt sich mit Fug und Recht behaupten, dass der damalige Traum einer neuen Welt ausgeträumt ist. Vereinfacht gesprochen scheiterten westliche Ordnungsvorstellungen für das ausgehende 20. und das beginnende 21. Jahrhundert daran, dass sie versuchten, liberales Gedankengut zu universalisieren, um ihre eigene Sicherheit zu verbessern und die Welt zu einem sichereren Ort zu machen. Letzteres hat sich ins Gegenteil verkehrt.

Die großen, illusionären Träume des «Westens», allen voran der Vereinigten Staaten von Amerika, bestanden darin, Strukturen schaffen zu können, die die «westliche» Vorherrschaft über den Rest der Welt festschreiben. Intellektuell wurden diese Versuche durch zwei Strömungen beeinflusst, die in der Folgezeit eine unheilvolle politische Allianz eingingen (und bis auf den heutigen Tag eingehen). Auf der einen Seite standen Denker wie Francis Fukuyama, der von der These ausging, dass mit dem Zusammenbruch der UdSSR jegliche gesellschaftliche Alternative zu Demokratie und freier Marktwirtschaft auf lange Zeit diskreditiert sei und sich diese nunmehr als globale Ordnungsprinzipien durchsetzen würden. Mit seinem Buchtitel «Das Ende der Geschichte» wollte Fukuyama nicht behaupten, dass ab sofort keine großen Ereignisse mehr stattfinden würden. Gemeint war vielmehr, dass die der gegenwärtigen liberalen Ordnung zugrunde liegenden Prinzipien und Institutionen nicht mehr infrage gestellt werden könnten.

Von anderer Seite wurde argumentiert, dass aus dem unipolaren Momentum der USA[2] etwas Dauerhaftes erwachsen würde. Die Gründe hierfür sah William Wohlforth z. B. darin, dass die übergroßen Machtpotenziale der USA andere Staaten und Staatenkoalitionen entmutigen würden, Gegenmachtbildung zu betreiben, wissend, dass ein solcher Prozess ungeheure Ressourcen erfordern würde und langwierig sei. Wohlforth und sein zeitweiliger Ko-Autor Brooks verbanden mit einer andauernden Unipolarität des internationalen Systems auch Hoffnungen auf eine friedfertige Zukunft, denn das Faktum, dass die USA allen anderen Staaten oder möglichen Staatenkoalitionen machtpolitisch überlegen seien, würde Anreize zur Kooperation schaffen, Großmächtekonflikte reduzieren und die Möglichkeit eröffnen, lokale Krisen und Konflikte abzumildern.[3]

Diese optimistische Sichtweise auf die unipolare Stellung der USA wird von anderen Autoren nicht nur geteilt, sondern auch weitergedacht. Durch ihre Übermacht würde sich die Möglichkeit eröffnen, das westliche Modell der Demokratie und freien Marktwirtschaft zu universalisieren.[4] Insbesondere die während der ersten Amtszeit George W. Bushs (2001–2005) dominierende intellektuelle Strömung der Neokonservativen sah die Machtstellung der USA als eine einmalige Gelegenheit, die Spielregeln der internationalen Politik dauerhaft zu ändern, um dadurch die Vereinigten Staaten und letzten Endes die gesamte Welt sicherer zu machen.[5] Den Neokonservativen, aber auch anderen, des Neokonservatismus nicht verdächtigen Autoren[6] ist gemein, dass sie sich von der Vorherrschaft eines demokratischen Staates im internationalen System eine zivilisierende Wirkung erhoffen.[7] Andere wiederum plädierten dafür, dass die USA die Gunst der Stunde ausnutzen und ihre militärische Präsenz global ausweiten sollten.[8]

Die meisten Befürworter amerikanischer Unipolarität sowie des Endes der Geschichte sind sich darin einig, dass eine Welt unter US-Vorherrschaft besser sei als unter der Vorherrschaft jedes anderen potenziellen machtpolitischen Konkurrenten, weil es sich bei den USA um einen demokratischen Staat handelt und sie sich davon einen pazifizierenden Einfluss auf Entwicklungen im internationalen System erhoffen. Amerika müsse führen, um die Welt zu retten, so der alarmistische Ruf Robert Kagans.[9] Aber dieses Argument ist nur die eine Seite der Medaille. Vielen Protagonisten dieser Unipolarität, wie z. B. Dick Cheney, ging es lediglich darum, den amerikanischen Einflussbereich global auszudehnen und dadurch amerikanische Sicherheits- und Wirtschaftsinteressen zu verfolgen. Der rhetorische Verweis auf die Vorteilhaftigkeit amerikanischer Führung diente diesen «America-First»-Protagonisten lediglich dazu, die eigentliche Intention ihres Handelns zu kaschieren.

In Europa wurde das Ziel einer friedfertigeren, demokratischeren Welt uneingeschränkt geteilt. Lediglich hinsichtlich der Mittel zu ihrer Erlangung gab es Differenzen. Während in den Vereinigten Staaten der Einsatz von Streitkräften zur Durchsetzung dieser Politik als ein wichtiges Mittel erachtet wurde, vertrauten die Europäer – in Ermangelung global einsatzfähiger Armeen – lieber auf Dialog, Inklusion, Konditionierung und notfalls Sanktionen.

Auf beiden Seiten des Atlantiks setzte sich damit ein liberaler Imperialismus durch. In den USA in einer harten und in Europa in einer weichen Form, aber letzten Endes war man sich in der Zielsetzung einig. Die Versuche, das internationale System nach westlich-liberalen Vorstellungen zu gestalten, sollten jedoch scheitern, denn sie beruhten gleich in mehrfacher Hinsicht auf Illusionen.

Die Illusion der Demokratisierung

Wie bereits erwähnt, herrscht in den USA und auch in europäischen Hauptstädten der Glaube vor, dass eine Welt, in der es mehr Demokratien als andere Staatsformen gibt, eine friedfertigere Welt sei, da Demokratien untereinander anders miteinander umzugehen pflegen als undemokratische Staaten. Präzise auf den Punkt gebracht geht es um die Annahme, dass Demokratien untereinander keine Kriege führen. Und Anfang der 90er Jahre sah es in der Tat so aus, als ob Fukuyama mit seiner These von der Konkurrenzlosigkeit der demokratischen Staatsform und des liberal-kapitalistischen Wirtschaftssystems recht bekommen würde. Die mittel- und osteuropäischen Staaten, die Russische Föderation und eine Reihe afrikanischer Staaten leiteten mehr oder weniger umfassende demokratische Reformen in ihren Ländern ein, und selbst im Mittleren und Nahen Osten ließen sich zaghafte demokratische Reformbestrebungen in einigen Staaten beobachten (z. B. in Algerien). Es gab somit Mitte der 90er Jahre genügend Anlass zur Hoffnung, dass das internationale System zukünftig durch mehr demokratische Staaten gekennzeichnet sein würde, als dies jemals in der Geschichte der Fall gewesen war.

In der Folge setzten die USA und die europäischen Staaten ihre Macht in den internationalen Institutionen dafür ein, diese Demokratisierung zu beschleunigen, auch in jenen Staaten, in denen es keine internen demokratischen Reformbestrebungen gab. So wurden etwa Kredite seitens des Internationalen Währungsfonds an die Erfüllung von Vorgaben geknüpft, die zumeist auf die Liberalisierung des betreffenden Wirtschaftssystems zielten. Die Auflagen, die den kreditnehmenden Staaten dabei gemacht wurden, reichten weit in die innere Politik des betroffenen Staates hinein und höhlten dessen Souveränität faktisch aus. Darüber hinaus engagierten sich sowohl die USA als auch die Staaten der Europäischen Union in vielen Ländern, indem sie mit zum Teil massivem finanziellen Aufwand Kräfte der sogenannten Zivilgesellschaft unterstützten, die in diesen Ländern für Demokratisierung oder Liberalisierung arbeiteten. Diese Unterstützung geschah über offizielle Kanäle, wie der amerikanischen Behörde für Entwicklungszusammenarbeit USAID oder den Finanzhilfen der EU im Rahmen diverser Partnerschaftsprogramme, sie erfolgte aber auch indirekt über politische Stiftungen oder NGOs, die von den USA oder den Staaten der Europäischen Union finanziell unterstützt wurden. Dabei schien es oftmals egal, wie stark die Kräfte, die in den diversen Staaten finanzielle Unterstützung erhielten, wirklich waren und ob sie eine realistische Chance auf die Umsetzung ihrer Forderungen hatten. Was jedoch bewirkt wurde, war die Brandmarkung dieser vom Ausland finanzierten Bewegungen als Agenten des Westens und damit die Diskreditierung der von ihnen propagierten Ideen bei ihrer heimischen Bevölkerung. Die Folge dieser Einmischung in die inneren Angelegenheiten von Staaten ist, dass Russland und China mittlerweile Gesetze verabschiedet haben, die das Wirken ausländischer NGOs in diesen Staaten erheblich erschwert.

Es verwundert nicht, dass diese Politik auf Widerstand seitens einer Reihe von Staaten stieß, die aus den unterschiedlichsten Gründen nicht dazu bereit waren, eine solch umfassende Transformation ihres Wirtschafts- und letzten Endes auch ihres politischen Systems zu akzeptieren. Solange aber diese zumeist afrikanischen Staaten keine Alternative zur Kreditvergabe durch den IWF hatten, sahen sie sich gezwungen, sich ihr zu «unterwerfen».

Dies änderte sich erst, als China zunehmend als Alternative zum IWF auftrat. Angesichts des rasanten wirtschaftlichen Aufschwungs Chinas, der mit einem enormen Hunger an Rohstoffen einherging, wurde die Volksrepublik zunehmend in Afrika aktiv. Dabei verfolgte sie ein ebenso einfaches wie effektives Prinzip. Im Gegenzug zu Schürfrechten für seltene Erden, Mineralien oder andere Rohstoffe bot sie Investitionsprogramme sowie Entwicklungshilfekredite, die an keinerlei Vorgaben gebunden waren. Durch diese Rohstoff-Investitionspakete lieferten sie für viele afrikanische Staaten, deren Führer keinerlei Interesse an einer Transformation ihres ökonomischen und in letzter Konsequenz auch politischen Systems hatten, eine attraktive Alternative zu den Kreditvorgaben des IWF. Die chinesische Politik in Afrika verfolgt zwei Ziele. Zum einen, den chinesischen Bedarf an Rohstoffen zu decken; zum anderen aber auch, als politische Alternative zu den Europäern und den USA zu agieren. Welches Volumen das chinesische Engagement in Afrika heute hat, lässt sich an folgendem Vergleich ablesen. Laut einer Studie deutscher und amerikanischer Ökonomen leistete China im Zeitraum 2000–2011 Entwicklungshilfe im Umfang von rund 75 Milliarden US-Dollar, die USA von rund 90 Milliarden US-Dollar.[10]

Die Bereitschaft vieler afrikanischer Staaten, China als Alternative zum Westen zu akzeptieren, offenbart ein fundamentales Missverständnis, welches in den USA und in Europa vorherrschte und vorherrscht. In Washington und Brüssel ging man davon aus, dass es eine ernsthafte Bereitschaft zur Transformation in vielen Staaten dieser Welt geben würde und übersah, dass in Afrika, im postsowjetischen Raum oder in Teilen Asiens demokratische «Pseudo»-Reformen nur deshalb eingeleitet wurden, um sich die finanzielle Unterstützung westlicher Staaten und internationaler Geberinstitutionen zu sichern. Eine ernsthafte Bereitschaft zur vollständigen Transformation scheint in vielen dieser Staaten nie existiert zu haben. Für diese These spricht auch die bereits angedeutete Tatsache, dass eine Reihe von Staaten, die in den 90er Jahren Reformen einführten, die Transformation ihrer politischen Systeme in dem Moment einfroren, in denen sich ihnen macht- und finanzpolitische Alternativen zur USA und der EU boten. So verharren einige Länder des postsowjetischen Raums und viele afrikanische Staaten bis heute in der Grauzone zwischen Demokratie und autoritärer Herrschaft und lehnen sich an Russland oder China an.

Es ist aber nicht nur diese Illusion des Westens gewesen, die den Traum von der fortschreitenden Demokratisierung von Staaten platzen ließ, sondern es war auch die konkrete Politik der USA und der europäischen Staaten, die die Idee der Demokratie in den Augen vieler Menschen auf der Welt diskreditiert hat.

Sicherlich nicht der Auftakt für diesen Prozess, aber ein Fanal, waren 1991 die ersten freien Wahlen in Algerien nach der Unabhängigkeit des Landes von Frankreich im Jahre 1962. Nachdem sich bereits nach dem ersten Wahlgang ein Sieg der Islamischen Heilsfront abzeichnete, annullierte die algerische

Regierung das Ergebnis. Die Folge war ein Bürgerkrieg, der zwischen 60 000 und 150 000 Opfer forderte. In der Hochphase des Bürgerkrieges wurden die algerische Regierung und das Militär von Frankreich direkt und indirekt in ihrem Kampf gegen die Islamisten unterstützt und auch die USA und andere europäische Staaten billigten das Vorgehen der algerischen Regierung stillschweigend, da sie befürchteten, dass ein islamistisches Algerien ein Vorposten für regionale Instabilität sein könnte. Dieser doppelte Standard, rhetorisch für die Demokratie, Menschenrechte und freie Marktwirtschaft weltweit einzutreten, realpolitisch aber nur Wahlergebnisse zu akzeptieren, die sicherstellen, dass es keinen fundamentalen Wandel in der Innen- und Außenpolitik von Staaten gibt, der dem «Westen» nicht gefällt, diskreditiert die Idee der Demokratie und ihre Protagonisten in den Augen vieler Menschen, die in autoritären Staaten leben.

Algerien blieb nicht der einzige Fall, in dem die Demokratisierungspolitik des Westens durch diese Doppelmoral gekennzeichnet war. Als der Islamist Necmettin Erbakan im Zuge freier Wahlen im Jahre 1996 zum Ministerpräsidenten der Türkei gewählt wurde und sich anschickte, sowohl innen- wie auch außenpolitisch die Koordinaten der türkischen Politik nachhaltig zu verändern, indem er z. B. die Annäherung der Türkei an den Iran betrieb und das türkische Wirtschaftssystem «islamisieren» wollte, unterstützte Washington das türkische Militär darin, den ersten «postmodernen» Staatsstreich im 20. Jahrhundert durchzuführen. Dieser bestand darin, dass das türkische Militär die Regierung dazu aufforderte, bestimmte Maßnahmen gegen die aus ihrer Sicht fortschreitende Islamisierung der Türkei einzuleiten. Sollten sie nicht verwirklicht werden, drohte das Militär mit einem direkten Eingreifen. Erbakan, der sich diesem Druck nicht beugen wollte, trat daraufhin von seinem Posten als Ministerpräsident zurück.

Es ließen sich noch weitere Beispiele für diese Doppelmoral anführen. So akzeptierte der «Westen» die Ergebnisse der Wahlen 2006 in den Palästinensischen Autonomiegebieten, aus denen die radikalislamistische Partei Hamas als Siegerin hervorging, nicht, verweigerte den Dialog mit ihr und stellte alle Finanzhilfen an die Palästinensische Autonomiebehörde ein. Dies zwang die Hamas-Regierung zum Rücktritt und zur Einwilligung in eine Regierung der nationalen Einheit zusammen mit der bei den Wahlen unterlegenen Fatah.

Ein besonders eklatantes Beispiel für die westliche Doppelmoral stellt die Tatsache dar, dass trotz offensichtlicher Belege für massiven Wahlbetrug zugunsten des amtierenden Präsidenten Hamid Karzai der Westen die Präsidentschaftswahlen in Afghanistan 2009 als legitim anerkannte. Dahinter stand das strategische Kalkül, dass mit Hamid Karzai der Kurs der NATO-geführten Koalition in Afghanistan nicht infrage gestellt werden würde.

Die Politik der Demokratisierung von Staaten unterliegt aus westlicher Perspektive dem strategischen Kalkül, dass mit ihr keine fundamentale Veränderung der Innen-, aber vor allem der Außenpolitik einhergehen darf, die westlichen Interessen entgegensteht. Wenn eine solche zu beobachten ist oder befürchtet wird, dann übertrumpft realpolitisches Interesse die idealistische Vision. Oftmals ist eine solche Politik nicht zu vermeiden, sie wird jedoch als doppelbödig empfunden, weil die rhetorischen Ansprüche absolut erscheinen, das tatsächliche Handeln jedoch der Rhetorik entgegensteht. Hier wäre weniger sicherlich mehr!

Strategische Überlegungen dominieren auch den tatsächlichen Umgang mit undemokratischen Staaten. Denn es gilt als Faustregel amerikanischer, aber auch europäischer Politik, dass, je strategisch bedeutsamer ein Staat für Washington oder die europäischen Hauptmächte (Deutschland, Frankreich und Großbritannien) ist, man desto eher geneigt ist, auf Demokratisierungsbemühungen zu verzichten und eklatante Menschenrechtsverletzungen in diesen Staaten stillschweigend zu billigen, um seine eigenen strategischen Interessen nicht zu gefährden.

Hierfür ist der Umgang mit Saudi-Arabien ein Beispiel par excellence. Innenpolitisch im Mittelalter verhaftet (es gilt die Sharia) ist das saudische Königshaus ein Garant für eine pro-westliche Politik auf der arabischen Halbinsel und im Mittleren und Nahen Osten. Es ist ein wichtiger Baustein in den amerikanischen Bestrebungen, iranische Hegemonialambitionen in Schach zu halten, fundamentalistische schiitische Bewegungen zu bekämpfen und den Ölpreis im Rahmen seiner dominierenden Stellung in der Organisation ölproduzierender Staaten (OPEC) nicht allzu sehr in die Höhe schnellen zu lassen. Dass es sich bei Saudi-Arabien um einen Staat handelt, der seiner steinzeitlichen Interpretation des Islam mit massiven finanziellen Mitteln weltweit zur Ausbreitung verhilft und der im syrischen Konflikt zur Eskalation beiträgt, wird, in Ermangelung eines anderen strategischen Partners in der Region, zumindest billigend in Kauf genommen. Das Fehlen eines alternativen Partners führt auch im Falle Ägyptens dazu, dass die massiven Menschenrechtsverletzungen unter Staatspräsident Sisi als «unangemessen» erachtet werden, jedoch die Auffassung überwiegt, dass der ehemalige General Ägypten vor der Islamisierung und dem Chaos bewahrt hat und das Land seine traditionelle Rolle als Stabilitätsanker im Mittleren und Nahen Osten erfüllt.

Wenn dagegen ein Staat aus amerikanischer oder europäischer Perspektive keinerlei (oder nur eine geringe) strategische Bedeutung hat oder gar zu seinen strategischen Gegnern zählt und zudem auch noch eine vermeintlich oder tatsächlich anti-westliche Politik betreibt, dann bekommt er das ganze Instrumentarium der zur Verfügung stehenden Druckmittel, das von der konditionalen Vergabe von Krediten bis hin zu ökonomischen Sanktionen reicht, zu spüren.

So wie die Idee der ungehinderten Verbreitung der Demokratie aufgrund mangelnder ordnungspolitischer Alternativen eine Illusion war, so ist es ebenfalls eine Illusion, dass die demokratische Staatsform überall auf der Welt ohne Weiteres Anwendung finden könnte. Wie in Afghanistan zu beobachten war, stoßen viele der mit der Demokratie einhergehenden Prinzipien (Gleichberechtigung, Minderheitenschutz, Inklusion etc.) in vielen anderen Kulturkreisen auf Widerstand, da sie als zu den kulturellen und religiösen Traditionen im Widerspruch stehend empfunden werden. Im Westen hingegen herrscht die Vorstellung, dass das Modell der «Westminster-Demokratie» universelle Anwendung finden kann, und oftmals wird unterschätzt, wie vielfältig die gesellschaftlichen, kulturellen und institutionellen Vorbedingungen für ihr Funktionieren sind. So verwundert es nicht, dass sich die Staaten der Afghanistan-Koalition bei ihrem Treffen auf dem Bonner Petersberg (2001) darauf einigten, Afghanistan das Modell einer klassischen europäischen Demokratie überzustülpen. Erst relativ spät und auch nur sehr zögerlich erkannte man um 2010, dass dies wohl ein unrealistisches Ziel gewesen sei, und seit diesem Zeitpunkt war von einer Demokratisierung des Landes nicht mehr die Rede. Damit soll nicht gesagt sein, dass Länder wie Afghanistan, Irak oder Ägypten prinzipiell nicht in der Lage wären, sich zu Demokratien im westlichen Sinne zu entwickeln. Nur wäre der Weg dahin sehr viel länger und voraussetzungsreicher und eher in Jahrzehnten als in Jahren zu messen. Zieht man heute Bilanz, so kann man jedenfalls feststellen, dass der Traum von der umfassenden Demokratisierung des Globus vorerst ausgeträumt ist.

Große Staaten wie China oder Russland, die insgesamt mehr als 1,5 Milliarden Menschen umfassen, bleiben weiterhin autoritär. Deshalb ist es auch nicht zu erwarten, dass diese Staaten eine umfassende auf die Demokratisierung von Staaten abzielende Politik unterstützen werden.

Demokratisierung von außen kann nur dann Erfolg haben, wenn sie in den Staaten, die sich demokratisieren, auch eine kritische Masse an Unterstützung (insbesondere seitens der politischen Elite) findet und sie sich geographisch nah an einer demokratischen Großmacht vollzieht. Denn diese kann den sicherheitspolitischen Schutz für Demokratisierung bieten, der, wenn er fehlt, bei autoritären Nachbarstaaten die Befürchtung auslöst, dass die Welle der Demokratisierung als Nächstes auf ihr eigenes Territorium überschwappt. Fehlen diese Voraussetzungen, dann ist ein Scheitern von Demokratisierungsbestrebungen fast vorprogrammiert; und schlimmstenfalls, wie wir an der russischen Intervention in Georgien (2008) und in der Ostukraine (2014) oder an den permanenten Destabilisierungsversuchen Pakistans in Afghanistan beobachten können, münden sie in der Intervention nicht-demokratischer Nachbarstaaten mit destabilisierenden Folgen für die gesamte Region.

Bislang war die Rede von der Demokratisierungspolitik des Westens gegenüber Drittstaaten, doch es gab und gibt in Washington und in einigen europäischen Hauptstädten Überlegungen, Demokratien in der internationalen Politik einen strukturell anderen Stellenwert zu geben als Nichtdemokratien. Bereits Anfang der 90er Jahre bildete sich in den USA ein überparteilicher Konsens zwischen Neokonservativen und Liberalen, dass Staaten abhängig von ihrer inneren Ordnung unterschiedliche Grade der Souveränität besitzen sollten und die Herrschaftsordnung von Staaten der Kern eines «new, principled multilateralism»[11] werden sollte. Man kann «Teheran nicht wie Tokio» behandeln, lautet die simple Logik dieses differenzierten Souveränitätsverständnisses. «Illiberale»[12] bzw. «outlaw»[13] Staaten stellten eine größere Bedrohung für die internationale Sicherheit und Stabilität dar als Demokratien und sollten deshalb nicht die gleichen Rechte genießen wie diese. Des Weiteren versuchten die USA und ihre liberal-demokratischen Verbündeten, Demokratien im internationalen System einen formal besseren Rang zu verschaffen, als dies die UN-Charta vorsieht. Denn in einer Welt, in der die Konfliktlinie zwischen Autokratien und Demokratien verlaufe, gelte es nach Wegen zu suchen, wie Demokratien effektiver zusammenarbeiten könnten.[14] Diesem Ziel diente etwa die von Madeleine Albright in den 90er Jahren betriebene Gründung der «Gemeinschaft der Demokratien». Ihren rund 120 Mitgliedern ging es um die Unterstützung neu entstehender Demokratien oder demokratischer Tendenzen. Um die Stimme der Demokratien in internationalen Organisationen zu stärken, gründeten die Mitgliedsstaaten der Gemeinschaft der Demokratien innerhalb der UN-Generalversammlung den Democratic Caucus (DC). Obgleich dieser bis heute kaum Aktivität entwickelt hat, stellt er eine Abkehr vom Organisationsprinzip von Staaten innerhalb der Generalversammlung dar, da dieses sich bislang an geographischen Kriterien orientierte. Ergänzt wurden diese Bestrebungen durch den Vorschlag von Ivo Daalder und James Goldgeier, die NATO zum Kern einer Allianz der Demokratien umzugestalten, der auch demokratische Staaten wie Australien, Südkorea und Japan, um nur einige zu nennen, beitreten könnten.[15] Und der republikanische Senator John McCain übernahm die Idee einer Liga der Demokratien während seines Präsidentschaftswahlkampfes 2007. Ihm zufolge wäre das Ziel einer solchen Liga, «zu handeln, wenn die UN versagt – menschliches Leiden an Orten wie Darfur zu lindern, HIV/AIDS in Sub-Sahara-Afrika zu bekämpfen, eine bessere Politik zur Bewältigung von ökologischen Katastrophen zu entwickeln sowie ungehinderten Zugang zu Märkten für jene zu schaffen, die ökonomische und politische Freiheiten bejahen (…). Die Liga der Demokratien würde als eine einzigartige Dienerin der Freiheit wirken, wenn sie Maßnahmen wie konzertierten Druck auf Diktatoren wie in Burma (…) oder Simbabwe ausübt, sich einigt, Sanktionen gegen den Iran zu verhängen und Unterstützung für gefährdete junge Demokratien wie in Serbien oder der Ukraine organisiert.»[16]

Unter der Präsidentschaft Barack Obamas wurde das Projekt der Institutionalisierung liberaler Demokratien zunächst nicht weiterverfolgt, im Kern blieb es aber aktuell, wie die 2015 publizierte National Security Strategy deutlich macht, die von einer Förderung von Demokratien weltweit spricht und der Kooperation zwischen Demokratien als Fundament einer neuen Weltordnung das Wort redet. Mit dem Amtsantritt der Biden Administration wurde diese Idee wieder aufgenommen. Vom 9. bis 10.12.2021 fand der erste Summit for Democracy, bedingt durch die COVID-Pandemie online, statt.

Mit der Idee, Rechte und Pflichten gemäß der inneren Ordnung von Staaten zu verteilen und Demokratien besserzustellen als Nichtdemokratien, verfolgen die USA und ihre Verbündeten eine Idee, die die Grundpfeiler des internationalen Systems auf den Kopf stellt. Denn dadurch wäre das Prinzip der souveränen Gleichheit von Staaten ausgehebelt. Damit entpuppt sich aber diese Idee auch als machtpolitisches Argument, das letzten Endes darauf abzielt, die Vorherrschaft der westlichen Demokratien unter amerikanischer Führung auch dann zu zementieren, sollten konkurrierende Staaten wie Russland oder China machtpolitisch stärker werden, als es die USA zum gegenwärtigen Zeitpunkt sind. Es mag angesichts dieser Logik nicht verwundern, dass alle Vorschläge, Demokratien im internationalen System einen privilegierten Platz zuzuweisen, von den nicht-demokratischen Staaten vehement abgelehnt werden.

Betrachtet man die aktive Demokratisierungspolitik der westlichen Welt mit ihren gerade geschilderten Ambiguitäten sowie die auf eine Privilegierung der Demokratien hinauslaufenden Ideen zur Umstrukturierung des internationalen Systems, so beginnt man zu ahnen, warum die Demokratie als Prinzip gesellschaftlicher Selbstorganisation in den vergangenen Jahren einen erheblichen Vertrauensverlust erfahren hat und von vielen Staaten, aber auch von Individuen als ein ideologischer Kampfbegriff wahrgenommen wird, der letzten Endes nur dazu dient, die Macht des Westens zu perpetuieren.

Die Illusion der militärischen Interventionen

Das Ende des 20. Jahrhunderts und der Beginn des 21. Jahrhunderts werden als das Zeitalter militärischer Interventionen in die Geschichtsbücher eingehen. In kaum einer anderen Phase der jüngeren Geschichte wurde so oft militärisch interveniert wie in den nunmehr 32 Jahren nach dem Fall der Mauer. Den Auftakt zu dieser beispiellosen Serie bildete die US-Invasion in Panama im Jahre 1989. Es folgten die Koalition gegen Saddam Hussein (1991), das Debakel der Intervention in Somalia (1993), das Eingreifen in Bosnien (1994), das Engagement in Afghanistan (2001), der Angriffskrieg gegen den Irak (2003), um nur einige zu nennen. Zumeist wurden diese Interventionen von den USA angeführt, mal in Koalitionen der Willigen, mal unilateral, mal im Rahmen von NATO-Operationen. Aber die USA sind nicht der einzige Staat, der in den vergangenen Jahren militärisch intervenierte. Neben einigen von EU-Mitgliedern geführten Interventionen sind in diesem Zusammenhang auch die russische Intervention in Georgien (2008), in der Ukraine (2014) und das saudi-arabische Eingreifen im Jemen (2015) zu nennen.

Auf militärische Macht zur Lösung von Konflikten zu setzen, scheint im 21. Jahrhundert populärer denn je. Doch mit all diesen Interventionen gingen und gehen massive Probleme einher, da sie Konflikte nur scheinbar lösen. Mit ihren politischen Folgen hat das internationale System bis auf den heutigen Tag zu kämpfen. So, wie die militärischen Interventionen von den USA und ihren Verbündeten durchgeführt werden, lassen sie die Gegnerschaft zur Politik des Westens wachsen und befördern regionale Instabilitäten.

Aus der Auseinandersetzung mit der Sowjetunion waren die USA als stärkste militärische Macht im internationalen System hervorgegangen. Bereits vor 9/11 verfügten sie im konventionellen Bereich über eine Machtfülle, die keine andere Koalition von Staaten zu erreichen in der Lage gewesen wäre. Durch die im Zuge von 9/11 bewilligte Erhöhung des amerikanischen Verteidigungshaushaltes von 287 Milliarden US-Dollar auf 530 Milliarden US-Dollar wurde dieser Vorsprung noch ausgebaut. Militärisch betrachtet sind die Vereinigten Staaten die einzige globale Supermacht. Dies führt dazu, dass sie jede Intervention unilateral, d. h. nur unter Einsatz ihrer eigenen Streitkräfte, durchführen könnten. Verbündete brauchen sie allerhöchstens, um solche Einsätze vor der Weltöffentlichkeit zu legitimieren. Aus dieser Tatsache resultiert für die Vereinigten Staaten ein immenser Vorteil. Sie müssen keine Kompromisse mit anderen Staaten schließen, weil sie auf diese aus militärischer Sicht angewiesen wären. Am deutlichsten hat dies George W. Bush im Vorfeld des Kriegs gegen den Irak formuliert, als er mit Blick auf all jene Verbündeten der USA, die sich skeptisch äußerten, sagte: «Entweder ihr seid mit oder gegen uns.»

Die überragende militärische Machtfülle sowie die starke Rolle, die das Pentagon innerhalb der US-Administration einnimmt, haben in einem nicht unerheblichen Maße dazu beigetragen, dass der Einsatz von Streitkräften zur Lösung von Konflikten bis in die jüngste Zeit (Libyen 2011) ein bevorzugtes Instrument US-amerikanischer Außenpolitik geblieben ist. Hinzu kommt, dass es bei den politischen und auch intellektuellen Eliten in Washington als durchaus legitim gilt, amerikanischen Weltordnungsvorstellungen mit Waffengewalt nachzuhelfen, wie es der Apologet der Neokonservativen, Charles Krauthammer (1991), vorgeschlagen hat. Aus der Hochzeit zwischen Liberalen und Neokonservativen hat sich über die letzten 26 Jahre ein «liberaler Imperialismus»[17] entwickelt, der zu militärischen Interventionen etwa im Kosovo (1999), Irak (2002), Afghanistan (2001), Libyen (2011) und gegen den IS (2015) geführt hat.

Bei all diesen Interventionen lassen sich die gleichen Muster und Probleme identifizieren. Angesichts ihrer Übermacht –

auch und vor allem im technologischen Bereich – setzten die USA auf eine Kombination von Spezialstreitkräften und Luftschlägen. Insbesondere der Einsatz der Air Force gilt in Washington schon lange als zukunftsweisend. Denn er bietet den Vorteil, dass das Leben der eigenen Soldaten geschützt ist. Keine der regulären Armeen oder der irregulären Milizen, die Washington in den letzten 30 Jahren bekämpfte, verfügt über eine Flugabwehr, die in der Lage wäre, US-Kampfjets, die in der Regel aus 5000 Metern Höhe ihre Ziele bombardieren, abzuschießen. Der Fokus auf Luftstreitkräften findet seinen Grund in der Befindlichkeit der amerikanischen Gesellschaft. Denn diese ist, wie alle Umfragen zeigen, nicht bereit, für militärische Interventionen in Ländern, die die amerikanische Sicherheit nicht unmittelbar bedrohen, das Leben ihrer Soldaten zu opfern. Ob dies an einer generellen post-heroischen Mentalität liegt, wie Edward Luttwak einst behauptet hat, soll an dieser Stelle nicht vertieft werden. Faktum ist, dass der Einsatz von «air power» primär einer innenpolitischen Befindlichkeit geschuldet ist und nicht einer sich aus dem Kampfgebiet ergebenden militärischen Notwendigkeit. Insbesondere unter Präsident Obama ist zudem der Einsatz von Drohnen zur vermeintlich gezielten Tötung von Gegnern stark ausgedehnt worden. Auch hier sind es vornehmlich innenpolitische Motive (Opfervermeidung), die den Rückgriff auf überlegene Technologien erklären können.

Die Schattenseite dieser Vorgehensweise ist, dass die USA und ihre Verbündeten Hilfstruppen in den Konfliktgebieten brauchen, die die Arbeit erledigen können, die normalerweise den Bodentruppen der Koalitionsstreitkräfte vorbehalten wären, nämlich den Gegner im Gefecht zu besiegen, Gebiete zu besetzen und vor allem zu halten. Da es sich aber bei den meisten Konflikten, in denen die USA und ihre Verbündeten interveniert haben, nicht um solche handelt, in denen «Gut gegen Böse» kämpft, sondern in der Regel um Konstellationen, in denen «Schlecht» mit «Noch schlechter» ringt, verbündet sich die intervenierende Koalition mit – um es so neutral wie möglich zu formulieren – bestenfalls problematischen Partnern. So kann man mit Fug und Recht behaupten, dass es sich bei der Kosovarischen Befreiungsarmee (UCK), der afghanischen Nordallianz oder den syrischen Kurden (YPK) um paramilitärische Gruppierungen gehandelt hat, die in einem zweifelhaften Ruf standen und in deren Reihen Männer vorzufinden sind, die in ihrer Brutalität den zu bekämpfenden Gegnern in nichts nachstanden. Als Beispiel sei hier General Dostum in Afghanistan genannt, der vom Kriegsverbrecher zum politischen Akteur mutierte. Auch die Unterstützung der libyschen Opposition 2011 erwies sich als problematisch, da diese nach ihrer Machtergreifung mit dazu beitrug, das Land ins Chaos zu stürzen. Ebenso ist die Freie Syrische Armee bekanntermaßen kein Hort liberal-demokratischer Kräfte. In ihren Reihen kämpfen auch dschihadistische Elemente, die, genauso wie der IS oder die Al-Nusra-Front, den Westen als Hauptfeind erachten. Mit der Auswahl solcher Hilfsbodentruppen stellen sich die USA und ihre Verbündeten eindeutig auf die Seite einer Konfliktpartei, die für ihre Dienste einen politischen Preis verlangt. Und dieser kann, wie im Falle des Kosovo, darin bestehen, dass erhebliche politische Zugeständnisse, wie z. B. die Anerkennung als Staat, gemacht werden müssen. Durch die Auswahl problematischer Hilfstruppen verkehren sich die politischen Ziele der intervenierenden Koalitionsstaaten oftmals in ihr Gegenteil. Anstatt Stabilität in einem Land zu produzieren, wird bestehende Instabilität verlängert. Anstatt Menschenrechten zum Durchbruch zu verhelfen, wird nur einer anderen diktatorischen Gruppierung zur Eroberung der Macht verholfen.

Der Rückgriff auf Hochtechnologie und der Verzicht auf den Einsatz eigener Bodentruppen (zumindest in großer Anzahl) bedeutet aber auch, dass auf eine Stabilisierung und einen Wiederaufbau der Länder, in denen man interveniert, weitgehend verzichtet wird. Die bisherigen Protektorate der westlichen Staatengemeinschaft können allesamt keine Erfolgsgeschichten vorweisen. Selbst in Bosnien-Herzegowina, dem ältesten von ihnen (nunmehr seit 27 Jahren) gilt es als nicht unwahrscheinlich, dass sich zumindest zwei der drei Bevölkerungsgruppen (Kroaten und Serben) demnächst ihren jeweiligen «Mutterländern» territorial anschließen wollen.

Nur wenn man mit einer genügend großen Anzahl von Soldaten ein Land besetzen würde und auch die Bereitschaft signalisierte, diese Besetzung über mehrere Jahre aufrechtzuerhalten, gäbe es eine Chance Post-Konfliktgebiete zu stabilisieren. Aber auch dann gibt es weitere Bedingungen, die für ein erfolgreiches Management von Protektoraten erfüllt sein müssen. Entscheidend ist die Frage, ob die Bevölkerung, die einen Teil ihrer Souveränität an einen anderen Staat oder eine internationale/regionale Organisation abtritt, die Präsenz fremder Mächte auf ihrem Boden als notwendig erachtet, weil sie ihr Schutz gegen eine externe oder interne Bedrohung bietet. Wenn, wie im Falle des Iraks oder Afghanistans, so wenig Besatzungstruppen im Land stehen, dass die Sicherheit des «einfachen Mannes» auf der Straße nicht garantiert werden kann, ist es sehr unwahrscheinlich, dass die Bevölkerung so empfindet. Und je ethnisch heterogener ein Protektorat ist, wie dies im Falle des Iraks oder Afghanistans gegeben ist, desto unwahrscheinlicher ist es, dass sich die Bevölkerung und die politischen Eliten einer einheitlichen Bedrohung gegenübersehen. Im Umkehrschluss sind die Erfolgsaussichten größer, wenn die einheimische Bevölkerung weitestgehend homogen ist. Da die Mehrzahl der in den vergangenen Jahren zu beobachtenden Konflikte jedoch zwischen verschiedenen Ethnien in einem Staat ausgebrochen sind, ist diese Voraussetzung selten vorhanden. Eine Ausnahme ist sicherlich der Kosovo, in dem es nach der NATO-Intervention eine kleine Anzahl serbischstämmiger Kosovaren gab, mehr als 90% der Einwohner jedoch ethnische Kosovo-Albaner sind.

Ferner ist es von großer Bedeutung, dass sowohl Eliten als

auch Bevölkerung eines besetzten Landes davon ausgehen können, dass der Protektoratszustand ein temporärer und kein permanenter sein wird und dass sich der Protektor langfristig aus dem Protektorat zurückziehen wird. Darüber hinaus muss die einheimische Bevölkerung davon überzeugt sein, dass der Protektor nicht aus egoistischen Motiven handelt und das Protektorat nicht nur deshalb errichtet hat, um seine eigenen Interessen, seien sie politischer, militärischer oder ökonomischer Natur, zu verfolgen. Sollte dieser Eindruck nicht entstehen bzw. nicht glaubwürdig vermittelt werden, so besteht die Gefahr, dass der Protektor als Besatzer wahrgenommen wird, gegen den sich Widerstand formiert. Historisch kennen wir zahlreiche Fälle, in denen dies eingetreten ist, und man kann nicht besser beschreiben, was im Irak und in Afghanistan geschehen ist. Je länger die amerikanischen Truppen im Irak und die von der NATO geführten Koalitionstruppen in Afghanistan waren, umso größer wurde der Widerstand. Und selbst Gruppierungen, die anfänglich die externe Intervention begrüßt hatten, wendeten sich, je länger die Besatzung dauerte, gegen die fremden Truppen. Denn mit einer Besatzung geht ein Verlust staatlicher Souveränität einher, die, je länger sie andauert, umso schwerer für alle politischen und gesellschaftlichen Gruppierungen in einem Land zu ertragen ist. So hat sich Präsident Karzai, der der ISAF-Koalition nicht nur sein Amt, sondern auch sein politisches Überleben zu verdanken hat, von einem Erfüllungsgehilfen der NATO zu ihrem Gegner entwickelt und vehement darauf gedrungen, dass Afghanistan auch im Hinblick auf die militärischen Kampagnen der Allianz seine Souveränität zurückerlangt. Für die «normale» Bevölkerung ist es darüber hinaus essenziell, dass ihre individuelle Sicherheit durch den Protektor garantiert wird und dass es eine wirtschaftliche Entwicklungsperspektive gibt. Wenn der «einfache» Afghane, Iraker oder Libyer sich in seiner unmittelbaren Umgebung nicht mehr sicher fühlt und er darüber hinaus auch keine Perspektive für ein besseres Leben bekommt, dann wird er sich über kurz oder lang gegen den Protektor wenden. Ein Blick in die Geschichte zeigt, dass es kaum eine größere Kraft gibt als einen militanten Nationalismus.

Zugleich sind westliche Gesellschaften nicht mehr bereit, einen hohen Blutzoll für die Aufrechterhaltung von Protektoraten zu akzeptieren. Selbst im Falle des Krieges gegen den Irak im Jahre 2003 und der anschließenden Besetzung des Zweistromlandes, der von einer überwältigenden Mehrheit der amerikanischen Bevölkerung unterstützt wurde, schwollen die Rufe nach einem Rückzug schnell an, nachdem mehr als 3000 tote amerikanische Soldaten zu beklagen waren. In den europäischen Staaten ist diese Opfertoleranz noch geringer ausgeprägt. Ein Anschlag auf spanische Züge im Jahr 2004 reichte aus, dass Madrid seine Truppen aus dem Irak zurückzog, und in der Bundesrepublik Deutschland, wo es ohnehin nie eine große öffentliche Zustimmung zum Engagement in Afghanistan gab, stellten 54 gefallene deutsche Soldaten (bis 2014) eine enorme Belastungsprobe für die Politik dar.

Damit steckt die westliche Gemeinschaft in einer Interventionsfalle. Denn auf der einen Seite hält sie an der Notwendigkeit militärischer Interventionen fest und auf der anderen Seite kann sie diese nicht so exekutieren, wie es notwendig wäre, um Erfolge zu erzielen. Denn für umfassende militärische Interventionen, die einen massiven Einsatz von Bodentruppen vorsehen (ggf. mit anschließender jahrelanger Besetzung eines Landes), fehlt ihnen schlichtweg die gesellschaftliche Unterstützung. Diese ist jedoch in westlichen Demokratien unverzichtbar, da Politiker andernfalls befürchten müssen, bei den nächsten Wahlen ihr Amt zu verlieren.

Neben der Strategie der High-Tech-Kriegsführung, die auf fehlende (oder nur gering vorhandene) gesellschaftliche Unterstützung Rücksicht nimmt, hat sich nach dem Ende des Kalten Krieges auch ein neues Rechtfertigungsnarrativ für militärische Interventionen herausgebildet. Es ist nicht strategischer Natur und bezieht sich auch nicht auf ein vitales nationales

Interesse. Dies erscheint auch fast unmöglich. Denn bis auf wenige Beispiele (wie z.B. Bosnien-Herzegowina oder den Kosovo) geht von den vergangenen und gegenwärtigen Konflikten keine direkte Bedrohung für die amerikanische oder europäische Sicherheit aus. Ist aber eine unmittelbare Bedrohung nicht vorhanden, dann ist es schwierig, militärische Interventionen der eigenen Bevölkerung als im nationalen Interesse stehend zu vermitteln. Daher ist man dazu übergegangen, sie mit dem Verweis auf humanitäre Notlagen und ungerechte Herrschaft zu begründen und oftmals die ebenfalls vorhandenen konkreten geostrategischen Interessen zu verschweigen. Internationale Politik im Namen der Gerechtigkeit zu führen, insbesondere wenn militärische Mittel zum Einsatz kommen, birgt jedoch die Gefahr von unbegrenzten und ewigen Kriegen und gefährdet somit die Grundlagen für Frieden im internationalen System.[18] Die Aufweichung des Nichteinmischungsgebots, wie wir es seit geraumer Zeit beobachten können, führt dazu, dass an die Stelle des Nichtinterventionsgedankens eine sich in alles einmischende «pan-interventionistische Weltideologie»[19] tritt.

Die Folge einer solchen Entwicklung ist, dass Kriege geführt werden, in denen der «Feind» dämonisiert wird. Um die Unterstützung der einheimischen Bevölkerung für Interventionen im Namen der Gerechtigkeit sicherzustellen, ist es notwendig, den Gegner als das absolut Böse darzustellen. Dies geschah mit Saddam Hussein, Slobodan Milosevic («Balkan-Hitler» bzw. «Rampe von Pristina») oder mit Muammar al-Gaddafi – einem Mann, der von den Staaten, die sich aktiv an seinem Sturz beteiligten, bis unmittelbar vor der Intervention noch hofiert wurde, weil er ein Bollwerk gegen den islamischen Terrorismus in Nordafrika darstellte, die Flüchtlingsströme aus dem Süden von Europa fernhielt und als zuverlässiger Lieferant für dringend benötigte Erdgas- und Erdöllieferungen galt. Die Dämonisierung des Gegners diskreditiert diesen jedoch als Partner für mögliche Waffenstillstandsverhandlungen. Mit dem Bösen kann man nicht verhandeln. Seine Vernichtung muss das Ziel jeglicher militärischer Intervention sein. Eine solche Dämonisierung – auch durch die Androhung einer strafrechtlichen Verfolgung durch den Internationalen Strafgerichtshof – trägt zur Eskalation von Konflikten bei, da der «Gegner» mit dem Rücken zur Wand steht und ihm keine andere Möglichkeit gegeben wird, als «bis zum Letzten»[20] zu kämpfen. Der Krieg wird zum totalen Krieg und verliert seinen Clausewitz'schen Sinn, die Fortführung der Politik mit anderen Mitteln zu sein. Zugleich beraubt sich die Politik, die das Böse bekämpft, jeglicher Alternativen zur Beilegung von Krisen und Konflikten.

Welche Folgen dies hat, lässt sich in Syrien beobachten, wo der Westen 2011 der verfehlten Annahme aufsaß, dass das Regime den Aufstand eines Teils der syrischen Opposition nur wenige Monate würde überleben können. Zwölf Jahre nach Ausbruch eines der wohl blutigsten Bürgerkriege seit 1945 mit geschätzten 500 000 bis 606 000 Toten und mehr als 4 Millionen Flüchtlingen, ist Assad noch immer an der Macht. Dank militärischer Unterstützung aus Russland gelingt es ihm zudem, immer mehr syrisches Territorium aus den Händen der Rebellen oder des Islamischen Staates zurückzuerobern. Gleichzeitig halten die NATO-Staaten weiterhin an ihrem Ziel fest, den Diktator zu stürzen und akzeptieren ihn nach wie vor nicht als Verhandlungspartner für eine diplomatische Lösung des Konflikts. Dies ist nicht zuletzt eine Folge der Darstellung Assads als das absolut Böse und führt dazu, dass der syrische Bürgerkrieg am Leben erhalten wird. Denn Assad kann aus dieser Isolation heraus nicht anders als weiterzukämpfen, bis er ganz Syrien oder zumindest große Teile davon wieder unter seine Kontrolle gebracht hat. Die westliche Politik hingegen sucht noch immer nach Möglichkeiten, die syrische Opposition besser auszurüsten und setzt – genauso wie Assad – damit letzten Endes auf eine militärische Lösung des Konfliktes. Somit trägt der liberale Interventionismus in letzter Konsequenz zur Eskalation von Konflikten bei und auch zur Diskreditierung der Ordnung, der eigentlich global zum Durchbruch verholfen werden soll.

Ähnliche Probleme ergeben sich bei der Anwendung der sogenannten völkerrechtlichen Schutzverantwortung (Responsibility to Protect, «R2P»). Die «R2P» betont, dass Staaten nicht frei darin sind, wie sie ihre eigene Bevölkerung behandeln. Wenn Bevölkerungen systematischer Verfolgung oder exzessiver Gewalt ausgesetzt sind und der Staat, in dem diese Menschen leben, seiner Schutzverantwortung nicht nachkommen kann oder dies gar nicht will, dann geht die Schutzverantwortung an die Staatengesellschaft über, die dann das Recht hat, Maßnahmen zum Schutz der bedrohten Bevölkerung zu treffen, die die Souveränität von Staaten einschränken.[21] Bei der R2P, so muss man betonen, handelt es sich nicht um eine völkerrechtlich verbindliche Norm, sondern lediglich um eine Empfehlung. Wie problematisch die Durchsetzung der R2P in der Realität ist, zeigt jedoch das Beispiel der Libyen-Intervention im Jahre 2011. Angesichts der katastrophalen Lage der Zivilbevölkerung in der von Gaddafis Truppen umzingelten Stadt Benghazi beschloss der UN-Sicherheitsrat bei Enthaltung der Volksrepublik China und der Russischen Föderation am 17. März 2011 Resolution 1973, welche Staaten dazu ermächtigte, eine Flugverbotszone über Libyen einzurichten sowie Maßnahmen zum Schutz der Zivilbevölkerung vor Angriffen libyscher Regierungstruppen zu ergreifen. Die Situation in Benghazi fand dabei besondere Erwähnung. Auf Grundlage dieser Resolution ging eine Koalition von Staaten (angeführt durch Frankreich und Großbritannien) daran, die in ihr erwähnten Ziele militärisch umzusetzen. Relativ kurz nach Beginn der militärischen Intervention, die ausschließlich aus der Luft erfolgte, wurde deutlich, dass die Koalitionsstaaten die Resolution 1973 dahingehend interpretierten, dass der Schutz von Zivilisten in Libyen dauerhaft nur dann zu gewährleisten sei, wenn die

Ursache der schwerwiegenden humanitären Katastrophe in Libyen beseitigt würde: Oberst Muammar al-Gaddafi. In der Folgezeit bildeten Spezialstreitkräfte der Koalitionsstaaten die libysche Opposition militärisch aus, so dass diese in die Lage versetzt wurde, für die Koalition die Funktion von Bodentruppen zu übernehmen. Ende August 2011 konnten die Rebellen dann die endgültige Einnahme der Hauptstadt Tripolis vermelden. Die Resolution 1973 wurde seitens der führenden Koalitionsstaaten (Frankreich, Großbritannien und den USA) in eine Legitimation für einen Regimewechsel uminterpretiert. Russland und China fühlten sich dadurch hintergangen, da es ihnen bei ihrem Durchwinken der Resolution nur um die Verhinderung einer humanitären Katastrophe ging. Sollte es in absehbarer Zeit wieder eine Resolution geben, die eine militärische Aktion unter Rückgriff auf R2P fordert, würden wohl beide Staaten im Sicherheitsrat ihr Veto gegen eine solche Resolution einlegen.

Objektiv betrachtet gibt der heutige Zustand Libyens allen Kritikern dieser Intervention recht. Das Land befindet sich seit dem Ende der NATO-Operation in einem Bürgerkrieg, in dem diverse Gruppen um die Macht kämpfen. Durch den rapiden Staatszerfall, der unmittelbar nach dem Sturz Gaddafis einsetzte, konnte der Islamische Staat von Syrien aus nach Libyen expandieren. Durch den Kollaps des libyschen Staates hat sich die Sicherheitslage für dessen Nachbarn drastisch verschlechtert. Sowohl Tunesien, Algerien wie auch Ägypten, der Sudan und der Norden Nigers und des Tschads spüren das Eindringen des IS in Libyen. Beispielsweise wäre die Eroberung des Nordens von Mali durch islamistische Terroristen nicht möglich gewesen, wenn im Zuge der militärischen Intervention in Libyen nicht eine Unmenge von Waffen an verschiedene Rebellengruppen geliefert worden wäre, die ihren Weg in den Norden Malis fanden. Auch ein anderer Aspekt muss Erwähnung finden. Infolge fehlender Staatlichkeit in Libyen ist es nicht mehr möglich, Flüchtlingsströme, die sich

zumeist aus der Sahelzone über Libyen nach Europa bewegen, aufzuhalten. Im Frühling 2016 war in deutschen Medien
die Rede davon, dass mehr als 300000 Menschen in Libyen
auf eine Möglichkeit warten, über das Mittelmeer nach Europa zu gelangen.

Das Beispiel Libyens ist exemplarisch für die «Erfolge» der
militärischen Interventionen der vergangenen 30 Jahre. In den
wenigsten Fällen haben sie dazu beigetragen, Stabilität zu produzieren. Oftmals haben sie das exakte Gegenteil bewirkt. Sie
haben entscheidend dazu beigetragen, regionale Instabilitäten
zu erhöhen. So ist es eine der sicherlich nicht intendierten Folgen der Irak-Invasion von 2003 gewesen, dass die Position des
Irans in der Region gestärkt wurde. Und die Folge dieser Entwicklung ist heutzutage, dass die saudisch-iranische Rivalität
um die Vorherrschaft im Arabischen Golf immer konfrontati-
vere Züge annimmt. So ist das militärische Eingreifen Saudi-
Arabiens in Bahrain (2011) und im Jemen (2015) und das massive Engagement in Syrien in diesem Lichte zu betrachten. Es
geht aus saudischer Perspektive darum, den Einfluss des Irans
in der Region zurückzudrängen.

Afghanistan bleibt auch nach dem katastrophalen Rückzug
der Koalitionstruppen im Sommer 2021 und der Machtüber-
nahme der Taliban bis auf den heutigen Tag ein Hort regionaler Instabilität, der, anders als es noch im Ost-West-Konflikt
oder Anfang der 90er Jahre der Fall war, bis in die zentralasia-
tischen Staaten ausstrahlt. Und die gegenwärtige Situation in
Syrien hat unabsehbare Folgen für die Stabilität in der Region.
Nicht nur, dass mehrere regionale Mächte in den syrischen
Bürgerkrieg involviert sind, auch die Stabilität angrenzender
Länder ist akut gefährdet. So greift der syrische Bürgerkrieg
in den Libanon und nach Jordanien hinein, er bedroht die
ohnehin schon fragile Stabilität im Irak, sorgte für eine direkte
Konfrontation zwischen Russland und dem NATO-Staat
Türkei und wird in Form von Selbstmordattentaten in jene
Länder hineingetragen, die sich an den Luftschlägen gegen

den IS beteiligen oder diese politisch unterstützen, etwa Frankreich und Belgien.

Mit seiner militärischen Interventionspolitik trägt der Westen einen großen Teil der Verantwortung dafür, dass die Welt heute ein wesentlich unsicherer Ort ist, als sie es noch vor 30 Jahren war. Es soll nicht in Abrede gestellt werden, dass die Intentionen, die hinter dieser Politik standen, zum Teil durchaus respektabel waren. Immerhin ist es nobel, wenn man Genozid verhindern oder Diktatoren davon abhalten will, große Teile der eigenen Bevölkerung zu massakrieren. Aber es gab auch handfeste geostrategische Interessen hinter vielen Interventionen. Sei es, im Irak einen alternativen strategischen Partner zu Saudi-Arabien zu schaffen, in Libyen den seitens des Westens als problematisch erachteten Einfluss Gaddafis auf die Organisation Afrikanischer Staaten zu eliminieren oder im Kosovo eine Art PLO der Albaner zu verhindern. In der Art und Weise, wie diese militärischen Interventionen durchgeführt wurden, haben sie jedoch von Bosnien bis nach Libyen mehr Schaden angerichtet als Nutzen erzielt. Sie haben wesentlich dazu beigetragen, dass bestimmte Regionen in dieser Welt fragmentiert sind, dass der Hass auf den «Westen» gewachsen ist, dass sich der radikale Islamismus für Menschen muslimischen Glaubens zu einer glaubwürdigen gesellschaftspolitischen Alternative entwickeln konnte und dass junge Menschen bereit sind, gegen die westliche Politik in der arabischen Welt mit Selbstmordattentaten vorzugehen. Damit ist die Geschichte nicht, wie Fukuyama argumentierte, an ihr Ende gelangt. Fukuyama selbst musste einige Jahre nach der Veröffentlichung seines berühmten Aufsatzes eingestehen, dass er die Ausstrahlungskraft des radikalen Islam falsch eingeschätzt habe. Dieser sei, auf einer ideologischen Ebene, der einzige und größte Herausforderer der liberalen Demokratie.[22] Und westliche Interventionspolitik hat dazu beigetragen, dass er es werden konnte.

Das Erschreckendste ist aber, dass die maßgeblichen Akteure aus den Fehlern der Vergangenheit keine Lehren gezogen haben. Wie die US-Vorwahlen des Jahres 2016 deutlich machten, waren fast alle potenziellen Präsidentschaftskandidaten in beiden Parteien (Demokraten und Republikaner) von der Notwendigkeit zukünftiger militärischer Interventionen überzeugt. Ob sich die demokratische Präsidentschaftskandidatin Hillary Clinton für eine militärische Intervention in Syrien aussprach und bis heute davon überzeugt ist, dass die Libyen-Intervention, die sie als Außenministerin maßgeblich zu verantworten hatte, richtig war, oder auf der republikanischen Seite eine Stärkung des Militärs gefordert wird: In beiden Fällen kann man erkennen, dass einfach so weitergemacht wird wie in den vergangenen 25 Jahren. Und auch in Europa hält man an alten, gescheiterten Mustern fest. Nach den Anschlägen von Paris vom 13. November 2015, die von IS-Sympathisanten oder -Mitgliedern begangen wurden, verkündete der damalige französische Staatspräsident Hollande, dass sein Land sich nunmehr noch intensiver an der Bombenkampagne gegen den IS in Syrien beteiligen werde. In der Folgezeit flogen französische Kampfjets mehr Angriffe auf IS-Stellungen. Die französische Entscheidung fand zudem im Rahmen der EU einhellige Billigung.

Was im Westen mit Blick auf den radikalen Islamismus nicht verstanden wird, ist die Tatsache, dass dieser durch die westliche Einmischung in die muslimische Welt befeuert wird. Gruppierungen wie der IS oder Al Qaida mögen den westlichen Lebensstil hassen, wie im Westen oftmals argumentiert wird; wogegen sie aber kämpfen, ist die westliche Politik der Einmischung. Und die Besetzung muslimischer Länder oder die Kriegsführung gegen muslimische Gruppierungen aus der sicheren Höhe ist es, was diese Gruppierungen in ihrem Fanatismus beflügelt. Und die Fehler, die in den vergangenen Jahren durch militärische Interventionen begangen wurden, die Destabilisierung, die sie bewirkt haben, sind für viele Menschen in der muslimischen Welt ein Beweis für die ohnehin schon lang gehegte Vermutung, dass westliche Politik bigott und imperialistisch ist. Dies ist ein wichtiger Nährboden, aus dem radikale Fundamentalisten ihren Nachwuchs rekrutieren.

Es geht an dieser Stelle jedoch nicht darum, einem Isolationismus das Wort zu reden. Vielmehr geht es um eine Analyse der Gründe, die bis auf den heutigen Tag dafür sorgen, dass der radikale islamistische Terrorismus die größte Herausforderung für die Sicherheit westlicher Gesellschaften ist und es auch in Zukunft bleiben wird. Und eine solche Analyse lässt nur den Schluss zu, dass militärische Interventionen seitens des «Westens» nicht dazu geeignet sind, die Krisen und Konflikte zu lösen, sondern sein Eingreifen eher dazu beiträgt, diese Krisen anzufeuern oder neue Konfliktlinien zu produzieren. Zudem sollten militärische Interventionen, wenn sie denn erfolgen, so geplant und ausgeführt werden, dass sie auch eine Chance auf Erfolg haben. Dazu gehört zuvorderst die Bereitschaft, eigene Bodentruppen in umfangreicher Zahl einzusetzen und sich nicht auf problematische Partner im Konfliktgebiet zu verlassen. Und zuletzt ist die Illusion der militärischen Intervention darin zu sehen, dass der «Westen» glaubt, dass er noch immer eine globale Ordnungsrolle einnehmen kann. In keiner der hier skizzierten Fälle wurde Ordnung geschaffen, sondern es wurde Unordnung produziert. In keiner der hier genannten Fälle war die militärische Intervention aber auch strategisch notwendig. Möglicherweise wäre es eine kluge Politik, zukünftig nur in solchen Fällen militärisch zu intervenieren, in denen es eine strategische Notwendigkeit gibt und diese gegenüber der eigenen Bevölkerung auch klar zu kommunizieren.

Die Illusion der Institutionalisierung

Nach dem Ende des Ost-West-Konfliktes sollte die internationale Politik nicht mehr auf einem Gleichgewicht der Mächte basieren. Dieses Konzept wurde als antiquiert und eher dem

18. und 19. Jahrhundert angemessen erachtet. Den Notwendigkeiten der «neuen Weltordnung» entspreche es, dass ihr Zentrum in internationalen Organisationen läge, in denen alle Staaten, und insbesondere die Mächtigen, Politik für die gesamte Menschheit betreiben. Und nachdem die unipolare Illusion der Vereinigten Staaten im irakischen Wüstensand und in den afghanischen Bergen scheiterte, schien die Stärkung internationaler Institutionen umso bedeutsamer, da nur sie einen möglichen Machtübergang hin zu einer multipolaren Welt friedfertig gestalten könnten. Hinzu gesellte sich die Überlegung, dass mit China ein Land in das internationale System integriert werden müsse, das nur über wenig Erfahrung mit der Zusammenarbeit in multilateralen Organisationen verfügt.

Die Vorteile einer Stärkung internationaler Organisationen lagen für ihre Befürworter auf der Hand. Sie bieten, so ihre Argumentation, Mechanismen und Verfahrensweisen, die ihre Mitglieder davon überzeugen, eine langfristige Politik zu betreiben und nicht in kurzfristigen Nullsummenspielen zu denken. Sie würden machtpolitische Überlegungen abschwächen, sie im besten Falle sogar obsolet werden lassen. Die Einbettung in solche Organisationen erschwere es Staaten zudem zu betrügen, da Vereinbarungen, die getroffen werden, Kontroll- und Überprüfungsverfahren unterliegen. Internationale Organisationen würden also die Politik ihrer Mitgliedsstaaten transparenter und dadurch berechenbarer machen.

Betrachtet man die globale Ordnung des 21. Jahrhunderts, so kommt man jedoch nicht umhin zu konstatieren, dass die Bedeutung internationaler Organisationen, sowohl im ökonomischen als auch im sicherheitspolitischen Bereich, erheblich geschwächt ist und dass sie für ihre führenden Mitgliedsstaaten eine bestenfalls marginale Rolle spielen. Dass dem so ist, resultiert aus drei Tatsachen, die im Folgenden näher erläutert werden sollen. Erstens haben die führenden westlichen Staaten durch ihr Verhalten der Idee einer kooperativen Weltordnung erheblichen Schaden zugefügt; zweitens sind die

Versuche, die existierenden internationalen Institutionen zu reformieren und sie somit den Erfordernissen des 21. Jahrhunderts anzupassen, gescheitert. Dort, wo sie erfolgten, mündeten sie in einer Schwächung der entsprechenden Institution. Und drittens ist die Logik, die der Idee einer Institutionalisierung der internationalen Politik zugrunde liegt, schlichtweg falsch.

Wenden wir uns zunächst der Frage zu, warum das Verhalten westlicher Staaten (insbesondere der USA) den internationalen Institutionen erheblichen Schaden zugefügt hat. Waren es nicht allen voran die USA, die eine neue Weltordnung basierend auf Institutionen bauen wollten?

Die auf Institutionen basierende Ordnung des 20. Jahrhunderts wurde im Wesentlichen von den USA initiiert und betrieben – sowohl die Gründung der Vereinten Nationen als auch der Weltbank und des IWF, aber auch im regionalen Bereich (in Europa: NATO und die Vorläuferorganisation der EU, die EGKS, im Mittleren und Nahen Osten der Bagdad-Pakt und in Asien die SEATO, als pazifisches Gegenstück zur NATO). Ziel der Vereinigten Staaten war es, auf der globalen Ebene ein System der friedenssichernden Kooperation zwischen den Siegermächten der Anti-Hitler-Koalition zu schaffen und auf der regionalen Ebene Gegenmachtbildung zwischen den Staaten der nicht-kommunistischen Welt gegen die Sowjetunion, aber auch das kommunistische China zu organisieren. In der zutreffenden Annahme, dass es auf Dauer keine Interessenübereinstimmung zwischen den Staaten der Anti-Hitler-Koalition geben werde, wurde der Sicherheitsrat der Vereinten Nationen und das Vetorecht für seine ständigen Mitglieder eingeführt. Dies sollte verhindern, dass eine Großmacht im Fall von Interessendivergenzen von den anderen ständigen Mitgliedern des Sicherheitsrates überstimmt werden kann und ein solches Verhalten die Institution als Ganzes beschädigen würde.

Um die Einheit der «freien Welt» zu garantieren, waren die

USA, die ihre demokratischen und nicht-kommunistischen Verbündeten zur Gegenmachtbildung gegen die UdSSR brauchten, auch bereit, sich Regeln zu unterwerfen. Wie Odysseus sich selbst an den Mast band, um dem Gesang der Sirenen nicht zu erliegen, so fesselten sich die USA selbst an den Mast internationaler Regeln und Normen. Dies bedeutete allerdings nicht, dass die Vereinigten Staaten immer regelkonform handelten. Wenn es ihrem nationalen Interesse entsprach, gingen sie sowohl im sicherheitspolitischen wie auch im ökonomischen Bereich unilateral unter Missachtung internationaler Normen und Regeln vor. So intervenierten sie in den 1980er Jahren in mittelamerikanische Konflikte oder verhängten ohne Absprache mit ihren europäischen Verbündeten Sanktionen gegen eine Reihe von Staaten. Aber oftmals stieß dieses Vorgehen bei ihren Verbündeten auf Zustimmung, und es stellte eher die Ausnahme als die Regel dar. Somit war es tolerabel.

Das Ende des Ost-West-Konfliktes führte zu einem eklatanten Bruch mit dieser Praxis. Konnte man zu Beginn der 90er Jahre noch eine historisch beispiellose Kooperation zwischen Russland und den USA im Sicherheitsrat beobachten, die berechtigten Anlass zur Hoffnung gab, dass die Vereinten Nationen im Zentrum der nun zu schaffenden Weltordnung stehen würden, so begann sich dies Mitte der 90er Jahre graduell zu ändern. Aufgrund ihrer machtpolitischen Überlegenheit und der fehlenden Notwendigkeit, die Reihen des Westens geschlossen zu halten, erlagen die Vereinigten Staaten immer mehr der unilateralen Versuchung und den Sirenengesängen aus Washington, dass die USA nunmehr die Möglichkeit hätten, das internationale System so zu transformieren, dass es amerikanischen Sicherheitsinteressen dienlicher sei. Dazu trug auch das komplizierte Zusammenspiel zwischen Vereinten Nationen und NATO im Zuge des Bosnien-Konfliktes bei sowie das Desaster der internationalen Intervention in Somalia im Rahmen der UNOSOM-II-Mission zwischen 1993 und 1995. Vor allem Letztere führte bei der

Clinton-Administration zur Verabschiedung der Presidential Directive 25 (PDD 25), die eine Abkehr von der seit dem Ende des Ost-West-Konfliktes praktizierten Politik des US-Engagements in Peacekeeping-Operationen der Vereinten Nationen darstellte. Galt bis zum Somalia-Debakel, dass sich die USA an UN-geführten Peacekeeping-Operationen auch dann beteiligten, wenn keine vitalen nationalen Sicherheitsinteressen der USA berührt waren, so standen Peacekeeping-Operationen seitdem nicht mehr im Zentrum ihrer Außen- und Sicherheitspolitik. Nur wenn eine solche im unmittelbaren amerikanischen Interesse sei, würden sich die USA an ihr beteiligen. Allerdings müssten amerikanische Truppenteile, insbesondere wenn es sich um Missionen mit möglichen Kampfeinsätzen handelte, unter amerikanischem Oberbefehl bleiben. Zusammen mit der Ankündigung, die amerikanische finanzielle Beteiligung an dem Peacekeeping-System der Vereinten Nationen binnen zwei Jahren von 31,7% auf 25% zu reduzieren, bedeutete dies einen herben Rückschlag für die Hoffnungen, die Vereinten Nationen würden in der «neuen» Weltordnung einen zentralen Platz einnehmen. Als Folge von PDD 25 beteiligten sich die USA auch nicht an einer robusten (d.h. den Einsatz von Waffengewalt nicht ausschließenden) Peacekeeping-Mission für Ruanda, die daraufhin nicht zustande kam. Das Ergebnis ist bekannt. Mehr als 800000 Tote.

Die endgültige Abkehr der USA von den Vereinten Nationen im Bereich der Friedenssicherung vollzog sich 1999, als die NATO, ohne dass es ein Mandat des Sicherheitsrates gegeben hätte, im Kosovo intervenierte und sich in ihrem im April 1999 veröffentlichten Strategischen Konzept auch noch das Recht zur Selbstmandatierung zusprach. Auch wenn die Kosovo-Intervention politisch legitim gewesen sein mag, so war sie doch völkerrechtlich illegal. Dass im Jahre 2003 die Irak-Invasion ohne die Einbeziehung der Vereinten Nationen erfolgte, stellte den radikalen Höhepunkt dieser unilateralen Wende amerikanischer Außen- und Sicherheitspolitik dar.

Allerdings haben die USA den Vereinten Nationen nie ganz den Rücken zugekehrt. Immer wieder haben sie versucht, ihr Handeln mit dem Verweis auf UN-Resolutionen zu rechtfertigen. Die berühmt gewordene Präsentation des amerikanischen Außenministers Colin Powell vor dem Sicherheitsrat am 5. Februar 2003, in der er angebliche Beweise dafür präsentierte, dass Saddam Hussein heimlich an der Herstellung von Giftgas arbeitete, stellte den Versuch dar, dem bevorstehenden Angriff auf den Irak völkerrechtliche Legitimität zu verschaffen. Wichtig ist jedoch festzuhalten, dass die Vereinigten Staaten sich in ihrem Handeln nicht davon abhalten ließen, wenn solche Versuche erfolglos blieben.

Der Odysseus befreite sich somit zunehmend selbst vom Mast des Schiffes, an den er sich einst gefesselt hatte. Aus der Selbsteinschätzung, dass die USA für internationale Stabilität und Ordnung die «unersetzliche Nation» (Madeleine Albright) seien, erschien das System der Vereinten Nationen als Hindernis. Warum sollten sich die Vereinigten Staaten, so lauteten die Überlegungen in Washington, durch Vetorechte und Einsprüche sowie komplizierte Aushandlungsprozesse in ihren Aktivitäten binden lassen, wenn doch die Möglichkeit vorhanden war, internationale Ordnungspolitik auch im Alleingang und außerhalb der etablierten Institutionen zu betreiben. Aus dieser prinzipiellen Einsicht heraus wurde unilaterales Handeln von der Ausnahme, wie es im Ost-West-Konflikt noch der Fall gewesen war, zur Regel.

Damit brüskierten die USA all jene Staaten, die weiterhin an einer auf internationalen Institutionen basierenden Weltordnung mitwirken wollten. Dass Russland und China ihrerseits in diesem Zeitraum die Bedeutung der Vereinten Nationen für die Herstellung von Frieden und Stabilität besonders betonten, lag weniger an ihrem Glauben an diese Organisation, als vielmehr an der Tatsache, dass sie in den Verfahren und der zentralen Rolle des Sicherheitsrates die einzige Möglichkeit sahen, Einfluss auf amerikanisches Handeln zu neh-

men bzw. dieses ggf. durch die Androhung eines Vetos zu verhindern.

Auch in anderen Bereichen ließ sich seitens der USA eine
graduelle Abkehr vom Multilateralismus aus der Zeit nach
dem Zweiten Weltkrieg beobachten. So verweigerte die 2001
ins Amt gekommene Bush-Administration ihre Unterschrift
zum Kyoto-Protokoll, zur Konvention für Biologische Waffen sowie zum nuklearen Teststopp-Vertrag. Und im ökonomischen Bereich wurden bereits unter Präsident Clinton
Sanktionen gegen eine Vielzahl von Staaten unilateral be-
schlossen, d. h. ohne sich mit Verbündeten abzustimmen, obgleich diese unter den Sanktionen ebenfalls zu leiden hatten.

Damit erwies sich die Idee, starke internationale Institutionen als Eckpfeiler einer neuen Weltordnung einzusetzen, alsbald als Chimäre. Paradoxerweise schwächte ausgerechnet
diejenige Macht, die sie nach dem Ende des Zweiten Weltkrieges entworfen hatte und die noch 1990 großen Wert darauf
legte, sie zu stärken, diese Institutionen nachhaltig und instru-
mentalisierte sie für ihre eigenen Zwecke.

Doch nicht nur auf der globalen, sondern auch auf der regionalen Ebene konnte man eine Schwächung der zentralen
außen- und sicherheitspolitischen Institutionen beobachten.
Die NATO und die Europäische Union standen in den 90er
Jahren vor ähnlichen Problemen. Angesichts des Verschwin-
dens der sowjetischen Bedrohung mussten sie ihren Daseins-
zweck neu definieren. Zugleich mussten sie mit dem Ansinnen
der neuen Demokratien in Mittel- und Osteuropa umgehen,
alsbald Mitglieder dieser beiden Institutionen zu werden; und
als Konsequenz aus den ersten beiden Punkten galt es, beide
Organisationen dergestalt zu reformieren, dass sie trotz mög-
licher Erweiterung handlungsfähig blieben und weiterhin für
die Außen- und Sicherheitspolitik ihrer Mitgliedsstaaten eine
zentrale Rolle einnehmen konnten.

Die Erweiterung ist Geschichte. Sie vollzog sich in mehreren Wellen. Heute zählen die NATO 30 und die EU 28 Mit-

glieder. Dabei haben sie im Zuge ihrer Erweiterung die Rolle von Sozialisierungsagenturen für die Beitrittskandidaten übernommen. Der Wunsch nach Mitgliedschaft in der NATO und der EU erforderte von diesen einen umfassenden Reformprozess, der sicherstellen sollte, dass neue Mitglieder politisch, ökonomisch und verteidigungspolitisch zu den Altmitgliedern kompatibel sind. Aber dieser Prozess der demokratischen Sozialisation stand nicht im Vordergrund des Interesses beider Institutionen, welches letztlich darin bestand, sich zu erweitern. Für die NATO-Mitgliedsstaaten ging es auch darum, sicherzustellen, dass die neu entstandenen Demokratien in Mittel-und Osteuropa nicht in den Einflussbereich eines neokommunistischen oder neoimperialen Russlands fielen. Allerdings nahm die Allianz durch ihre Erweiterung bewusst in Kauf, dass sich ihr Einflussbereich bis fast an die Grenze der Russischen Föderation ausweitete. Zwar versuchte man, die russischen Bedenken durch kooperative Angebote (NATO-Russland-Rat) abzuschwächen; an der grundsätzlichen Tatsache, dass das stärkste Militärbündnis der Welt sich in Richtung Moskau ausweitete, änderte dies aber nichts.

Bei der Aufnahme neuer Mitglieder spielten für die EU sicherheitspolitische Interessen zwar auch eine Rolle, waren jedoch gegenüber politischen und ökonomischen eher zweitrangig. Mit der Erweiterung wuchs der Binnenmarkt und erlaubte es der EU, ihre Position als einer von drei wichtigen weltwirtschaftlichen Akteuren nicht nur beizubehalten, sondern sogar auszubauen. Der Handel zwischen alten und neuen EU-Mitgliedsstaaten wurde intensiver, und der steigende Export in die neuen Mitgliedsstaaten sorgte für ein höheres Wirtschaftswachstum. Durch die Mitgliedschaft in der EU und die dafür notwendigen Reformmaßnahmen in den beitrittswilligen Ländern gelang es auch, Stabilität von der alten Union in die neuen Mitgliedsstaaten zu exportieren. Sicherheitspolitische Interessen spielten insofern eine Rolle, als zu

dem Zeitpunkt der Erweiterung der EU das Verhältnis zur
NATO unklar war. Frankreich, das bis 2009 nicht Mitglied
der militärischen Integration der NATO war (nachdem es
1966 ausgetreten war), wollte die EU zu einer sicherheitspolitischen Alternative zur NATO weiterentwickeln und erhoffte
sich durch die neuen Mitgliedsstaaten Impulse in diese Richtung. Großbritannien hingegen, das am Primat der NATO für
europäische Sicherheit festhalten wollte, erwartete sich von
den neuen Mitgliedsstaaten Unterstützung für seine Politik
und schätzte damit die Haltung der Beitrittskandidaten deutlich realistischer ein als Frankreich.

Letzten Endes ist die Erweiterung beider Institutionen jedoch nur zum Teil eine Erfolgsgeschichte. Denn sie trug dazu
bei, dass beide Institutionen erheblich an Relevanz für die Politik ihrer Mitgliedsstaaten, aber auch für die internationale
Ordnung eingebüßt haben. Der NATO kam – vereinfacht gesprochen – der gemeinsame Feind, der alle Mitgliedsstaaten
zusammenhielt, abhanden. Zwar verschwanden die Bedrohungen nicht, aber sie wirkten sich für die einzelnen Mitgliedsstaaten der Allianz unterschiedlich aus und konnten den
gemeinsamen Kitt, den die Gegnerschaft zur UdSSR und dem
Warschauer Pakt für die NATO bot, nicht ersetzen. Die einzelnen Mitgliedsstaaten der Allianz fühlten sich nun unterschiedlichen Risiken ausgesetzt und fühlten sich auch unterschiedlich stark bedroht. Entsprechend wurden auch die
zukünftigen Aufgaben der Allianz nicht einheitlich definiert.
Während die Südeuropäer von der Allianz mehr Aufmerksamkeit für den Mittelmeerraum einforderten, betonten die
Nordeuropäer die sicherheitspolitische Dimension des «Hohen Nordens», während die Mittel- und Osteuropäer in der
Abschreckung Russlands auch weiterhin die Hauptaufgabe
der Allianz sehen wollten – ein Ansinnen, das von Staaten wie
der Bundesrepublik und Frankreich abgelehnt wurde. Die
USA hingegen betrachteten die regionale Begrenzung des
NATO-Aktionsradius als überholt und plädierten nachhaltig

für ihre globale Einsatzfähigkeit, worin sie partiell von Großbritannien unterstützt wurden.

Zugleich – und dies ist in engem Zusammenhang mit der Frage der zukünftigen Ausrichtung der NATO zu sehen – drängten die USA die Europäer vehement dazu, im Rahmen der Allianz mehr Verantwortung zu übernehmen und mehr Lasten zu tragen. Da nach dem Fall der Mauer in allen europäischen Staaten die Verteidigungsbudgets drastisch gekürzt und die Streitkräfte verkleinert wurden, konnten die Europäer diesem Ansinnen weder finanziell nachkommen, noch wollten sie es politisch. Mithin war und ist die NATO bis heute eine Allianz, die noch ihre Mission sucht. Dies bedeutet keineswegs, dass die Allianz seit dem Ende des Ost-West-Konflikts in einen Dornröschenschlaf gefallen ist. Im Gegenteil: Sie war in Bosnien, dem Kosovo, in Afghanistan und in Libyen aktiv und organisiert zurzeit die Abschreckung gegenüber Russland. Sie hat Partnerschaften mit mittlerweile mehr als 45 Staaten rund um den Globus etabliert. Aber, wie der ehemalige Bundeskanzler Gerhard Schröder in seiner Rede anlässlich der Münchner Sicherheitskonferenz 2008 richtig bemerkte, die politischen Diskussionen um eine gemeinsame transatlantische Strategie finden inzwischen woanders statt. Damit ist die NATO nicht mehr der Ort, an dem globale Ordnungspolitik betrieben wird. Sie ist vielmehr zu einer militärischen Durchführungsorganisation ihrer Mitgliedsstaaten degeneriert, für den Fall, dass diese sich auf eine gemeinsame Politik verständigen können. Dass es im Jahre 2016 so aussieht, als ob die NATO ihre Mission endlich gefunden habe, nämlich die Abschreckung gegenüber Russland zu organisieren, sollte nicht über den Sachverhalt hinwegtäuschen, dass auch dies unter den Mitgliedsstaaten nicht unstrittig ist. Jene, die geografisch nah an Russland liegen, begrüßen diese Politik, sind aufgrund ihrer territorialen Größe und ihrer schwachen Wirtschaftskraft allerdings nur bedingt in der Lage, einen aktiven Beitrag zu leisten. Jene Mitgliedsstaaten, die in dieser Frage die Hauptlast schultern müssen (z. B. Deutschland), sind politisch nicht dazu bereit, die Konfrontationspolitik gegenüber der Russischen Föderation über gewisse Grenzen hinaus eskalieren zu lassen. Man muss kein Prophet sein, um vorherzusagen, dass die Frage, wie man mit Russland und Präsident Putin sicherheitspolitisch umgehen soll, der nächste Spaltpilz für die Allianz sein wird. Mithin ist es durchaus angemessen zu behaupten, dass die NATO, die sowohl für die USA als auch für die Europäer ein zentraler Pfeiler globaler und regionaler Ordnungspolitik gewesen ist, diese Funktion auf absehbare Zeit nicht mehr erfüllen wird.

Gleiches gilt auch für die EU. Denn auch diese hat sich durch ihre Erweiterung übernommen. Die ökonomischen und politischen Vorteile, die die Aufnahme neuer Mitgliedsstaaten für Europa gebracht hat, wiegen die strategischen Nachteile, die dieses Projekt dadurch erlitten hat, bei Weitem nicht auf. Während des Kalten Krieges konnten die ökonomische und politische Dimension der europäischen Integration im Mittelpunkt stehen, da die Sicherheit Europas innerhalb der NATO und zuvorderst von den USA garantiert wurde. Nach dem Fall der Mauer änderte sich dies. Nun mussten die Staaten Europas entscheiden, wie sie ihr Verhältnis zur NATO zukünftig ausgestalten wollten. Frankreich wollte eine von der NATO unabhängige Sicherheits- und Verteidigungspolitik im Rahmen der EU etablieren, Großbritannien dagegen den Primat der NATO für europäische Sicherheit aufrechterhalten. Die Bundesrepublik Deutschland lavierte zwischen beiden Positionen, um weder Frankreich als den wichtigsten Partner in Europa noch die USA zu verprellen. Die neuen Mitgliedsstaaten, so wurde spätestens in der Irak-Krise 2003 deutlich, hielten von einer eigenständigen europäischen Sicherheits- und Verteidigungspolitik wenig. Für sie ist die NATO und damit der Artikel 5 des Washingtoner Vertrages der Eckpfeiler ihrer Sicherheitspolitik. Die in der Europäischen Sicherheitsstrategie von 2003 verkündete Vision eines

Europas, welches in einer multipolaren Welt global Einfluss ausüben kann, ist bis heute nicht Realität geworden. Zwar gab es institutionelle Reformen, wie die Schaffung eines Auswärtigen Dienstes der EU, einer Europäischen Verteidigungsagentur und auch eine Stärkung der Europäischen Sicherheits- und Verteidigungspolitik, allerdings blieben die tatsächlichen Ergebnisse weit hinter den Erwartungen jener Mitgliedsstaaten zurück, die sich einen globalen Einfluss der EU auf sicherheitspolitische Fragen erhofften.

Weder sind die Mitgliedsstaaten der EU in der Lage, eine einheitliche Position in vielen außen- und sicherheitspolitischen Fragen zu formulieren, noch verfügen sie über die entsprechenden militärischen Machtmittel, um solche Positionen durchzusetzen. Immer wieder muss Europa, wenn es um militärisches Handeln geht, einen Offenbarungseid leisten. So waren die Europäer Anfang der 1990er Jahre nicht in der Lage, das serbische Vorgehen in Bosnien zu stoppen, während des Kosovo-Einsatzes 1999 stellte sich heraus, dass europäische Streitkräfte ohne die Hilfe der USA nicht in der Lage gewesen wären, den Krieg zu führen, und auch die jüngste Operation in Libyen war für die beiden europäischen Staaten, die die Führung übernahmen (Frankreich und Großbritannien), ein militärisches Desaster. Ohne die Hilfe der USA wären beide europäischen Mächte nicht in der Lage gewesen, die mehr als vier Monate anhaltende Operation durchzustehen. Es ist daher durchaus nachvollziehbar, wenn die Sicherheits- und Verteidigungspolitik der EU auf potenzielle zukünftige Großmächte im internationalen System wie ein zahnloser Papiertiger wirkt. Damit soll nicht negiert werden, dass die Möglichkeiten der EU bei kleineren Operationen und Polizeimissionen in den vergangenen Jahren erheblich gewachsen sind, aber von einer einheitlichen Sicherheits- und Verteidigungspolitik, die dem selbstgesteckten Anspruch von 2003 gerecht wird, ist die Union noch Lichtjahre entfernt.

Die fehlende Einigkeit über die Rolle der EU in der internationalen Politik sowie die Schere zwischen Anspruch und Wirklichkeit sind exemplarisch für das Grundproblem der Union. Denn seit dem Ende des Ost-West-Konflikts ist sie auf der Suche nach ihrer Finalität. Ob sie sich zu einem Bundesstaat weiterentwickeln oder ein Staatenverbund bleiben soll, ist umstritten. Das Einzige, das alle EU-Mitglieder teilen, ist das Interesse am gemeinsamen Binnenmarkt. Bei den meisten anderen Fragen herrscht Uneinigkeit zwischen Integrationsbefürwortern und Skeptikern. Darüber hinaus verliert die Idee der Integration bei den Bürgern zunehmend an Anziehungskraft. Es wird immer deutlicher, dass der Gedanke eines vereinten Europa, so wie er seit den 1950er Jahren propagiert wird, ein Elitenprojekt gewesen ist, dem die gesellschaftliche Grundlage fehlt. In fast allen Mitgliedsstaaten der EU wächst der Anteil an Menschen, welche dem Gedanken fortschreitender Integration skeptisch bis ablehnend gegenüberstehen. Aus diesem doppelten Problem, der Uneinigkeit über die Rolle Europas zwischen den Mitgliedsstaaten sowie der Erosion der gesellschaftlichen Unterstützung für die Integration, resultiert eine nachhaltige Schwächung der Union. Auch Alternativen, die noch bis Anfang des neuen Millenniums diskutiert wurden, nämlich die Schaffung flexibler Integrationsstrukturen, die es Mitgliedsstaaten erlauben, vertiefte Integration zu betreiben, an der sich integrationsunwillige Mitgliedsstaaten nicht beteiligen müssen, diese aber auch nicht verhindern können, lösten diese Probleme nicht. Trotz entsprechender Möglichkeiten, die der EU-Vertrag hierfür bietet, ist dies bislang nur selten zur Anwendung gekommen. So verliert die EU an Gewicht in der Weltpolitik und schwächt sich selbst. Für ihre großen Mitgliedsstaaten ist sie im Bereich der Außen- und Sicherheitspolitik nicht mehr zentral.

Die hier skizzierte Entwicklung von NATO und EU steht exemplarisch für eine Schwächung von internationalen Institutionen. Sie sind nicht mehr der Ort, an dem über Politik und

Ordnung (sei sie globaler oder regionaler Natur) gestritten und in denen gehandelt wird. Sie sind, durch die Politik ihrer führenden Mitgliedsstaaten, zu einem peripheren Phänomen der internationalen Politik degradiert worden. Realisten wundert eine solche Entwicklung nicht. Denn sie sehen Institutionen nur als konkreten Ausdruck der Machtverhältnisse in der internationalen Politik, die primär den Interessen ihrer mächtigsten Mitgliedsstaaten dienen. Durch eine solche Brille betrachtet ist die hier beschriebene Entwicklung zu erwarten gewesen. Da die Vereinten Nationen ein Produkt des Kalten Krieges waren, die nach dessen Ende die Machtverteilung im internationalen System nicht mehr angemessen reflektierten, verloren die USA ihr Interesse an dieser Institution, die aus ihrer Sicht amerikanische Machtentfaltung eher hemmte, als ihr förderlich war. Und auf einer regionalen Ebene findet sich ein ähnliches Muster bei NATO und EU wieder. Nach dem Wegfall einer von allen Mitgliedsstaaten einheitlich wahrgenommenen Bedrohung traten die zentrifugalen Kräfte in beiden Institutionen offen zutage. Da ein fundamentaler Dissens über ihre Aufgaben und ihren Zweck vorherrscht, verlieren beide an Bedeutung für ihre führenden Mitgliedsstaaten. Als Instrumente globaler oder regionaler Ordnungspolitik haben sie im 21. Jahrhundert keine Relevanz und die Hoffnung, dass die «neue» Weltordnung auf Institutionen basiere, erweist sich als Illusion.

Die Entwicklung hin zu einer globalen Machtdiffusion, die wir gegenwärtig beobachten können und die im nächsten Kapitel eine Rolle spielen wird, sorgt dafür, dass Staaten, die ehemals nur in der zweiten Reihe der internationalen Politik gesessen haben, nun ihren Platz an der Sonne einnehmen wollen. Zugleich bringen sie aber auch ihre eigenen Ideen über globale oder regionale Ordnung mit, die durchaus von denen der etablierten Mächte abweichen. Dies führt zu dem Versuch, Organisationen zu reformieren, um sie repräsentativer und effizienter zu gestalten. Ein Unterfangen, das zum Scheitern verurteilt ist, da beide Tendenzen in einem unauflöslichen Widerspruch zueinander stehen.[23]

Denn Macht war, ist und bleibt ein Nullsummenspiel. Jeder Versuch, die Macht eines aufstrebenden oder neuen Staates in einer Institution zu vergrößern, geht unweigerlich zu Lasten eines bisherigen Mitgliedes. Dies ist aber aus der Perspektive der etablierten Großmächte inakzeptabel. Aus dieser Logik ist eine Reform internationaler Organisationen, die einen solchen Namen auch verdient, unrealistisch. Denn sie würde bedeuten, dass Großmächte freiwillig dazu bereit wären, Machtverluste in Kauf zu nehmen, ja sie sogar mit Blick auf eine Stärkung der Legitimität und Effizienz dieser Organisationen zu begrüßen – ein naiver Glaube, wie sich in den letzten Jahren nachdrücklich gezeigt hat.

Die Illusion der Verrechtlichung

Mit der Idee einer auf internationale Institutionen gegründeten Weltordnung des 21. Jahrhunderts ging auch die Hoffnung auf eine Verrechtlichung der internationalen Beziehungen einher. Unter Verrechtlichung wird allgemein ein Prozess verstanden, «in dem internationale Kooperation zunehmend rechtsstaatlichen Prinzipien unterworfen ist».[24] Durch eine zunehmende Verrechtlichung der internationalen Beziehungen soll auf lange Sicht das anarchische Grundprinzip des internationalen Systems ausgehebelt werden, wonach jeder Staat für seine Sicherheit selbst Sorge tragen muss, jeder Staat nach Macht strebt und Kooperation schwierig ist, da alle befürchten müssen, von einem Kooperationspartner übervorteilt zu werden. Stattdessen soll eine Art Weltstaat entstehen, in dem jeder den Regeln des Rechts unterworfen ist.

Man muss heute durchaus zugestehen, dass die Bedeutung des Völkerrechts in der internationalen Politik zugenommen hat. In vielen Bereichen, wie z. B. Handelsabkommen oder

Telekommunikation, findet es immer mehr Anwendung, und Staaten halten sich auch an seine Vorgaben. In einem Bereich jedoch, dem der internationalen Sicherheit, kann man keinesfalls von einer Verrechtlichung der internationalen Politik reden. Hier gilt nach wie vor das Recht des Stärkeren. Dabei konnte man 1990 annehmen, dass auch im Bereich der Sicherheitspolitik das Zeitalter der Verrechtlichung anbrechen würde. Die von allen Mitgliedern des Sicherheitsrates einstimmig verabschiedete Resolution 678, die die von den USA angeführte Staatenkoalition dazu autorisierte, Kuwait zu befreien, deutete in diese Richtung. Doch bereits 1991 zeigte sich, dass sich Russland und die USA auf keine Folgeresolution hinsichtlich der Einrichtung einer Flugverbotszone zum Schutz der Kurden im Nordirak einigen konnten. Der Frühling der Verrechtlichung währte nicht lange. Und der Grund hierfür lag, wie man bereits vermuten kann, an der unipolaren Struktur des internationalen Systems. Die in diesem Kapitel erwähnten Bemühungen zur Aufweichung der Souveränitätsnorm und des Nichteinmischungsgebotes sind Beispiele für die Bemühungen des «neuen Roms», wie sich Teile der politischen Elite in Washington selbst gern sahen und sehen, ihre nationalen Interessen in universelle völkerrechtliche Normen zu gießen.

Einen besonders bemerkenswerten Versuch stellen die auf Druck der USA eingerichteten Ad-hoc-Strafgerichtshöfe dar, die gravierende Menschenrechtsverletzungen ahnden sollen, die im Zuge von Bürgerkriegen oder zwischenstaatlichen Kriegen begangen werden. Zum ersten Mal nach den Nürnberger Tribunalen wurde ein solcher Ad-hoc-Strafgerichtshof für die Kriege im ehemaligen Jugoslawien eingerichtet (1993). Es folgten Tribunale für die begangenen Verbrechen in Ruanda (1994), Kosovo (2000), Ost-Timor (2000), Sierra Leone (2002), Kambodscha (2003). Aber bereits hier wird deutlich, dass sich diese internationalen Strafgerichtshöfe mit machtpolitisch peripheren Ereignissen befassten, die es sicherlich ver-

dienten, aufgeklärt zu werden, die aber den Eindruck erweck-
ten und erwecken, es handele sich bei ihnen um Siegerjustiz
und zugleich um Instrumente, die «kleineren» Staaten aufge-
zwungen werden. Es ist kein Zufall, dass sich kein Ad-hoc-
Strafgerichtshof mit dem völkerrechtswidrigen Angriffskrieg
gegen den Irak von 2003 befasst, dem auch eine große Zahl an
Zivilisten zum Opfer gefallen ist. Und man braucht kein Hell-
seher zu sein, um vorherzusagen, dass auch das Verhalten russischer Soldaten in der Ostukraine nicht zum Gegenstand eines solchen Tribunals werden wird.

Dies rührt unmittelbar an das Verhältnis zwischen Großmächten und internationalem Recht. Denn die Aufgabe des
Rechts, und darauf lagen nach 1990 viele Hoffnungen, ist es,
Macht zu begrenzen sowie exzessive Machtausübung zu verhindern. Doch dem steht entgegen, dass in der internationalen
Politik alle Staaten, aber insbesondere die großen, nach Macht
streben. Auch wenn es manche Kommentatoren nicht wahrhaben wollen, gilt dies nicht nur für die «bösen» Mächte wie
Russland oder China, sondern ganz genauso für die «Guten»,
für die westlichen Staaten. Das Zeitalter der Großmächtepoli-
tik mit ihren Einflusszonen und Machtspielchen ist nicht vorbei, so sehr wir uns das auch wünschen mögen. Großmächte
haben per se nichts gegen eine auf das Völkerrecht gestützte
internationale Ordnung, solange diese primär anderen Fesseln
anlegt. Die Selbstfesselung, wie sie die USA nach 1945 betrieben, findet nur dann statt, wenn sie eigenen Interessen dient.
Dieser Widerspruch verhinderte in der Vergangenheit und
wird dies auch zukünftig tun, dass das Völkerrecht zum Maßstab des internationalen Handelns wird.

Somit bleibt aus der Perspektive vieler Staaten von der Idee
der Verrechtlichung nur der Versuch übrig, im internationalen
System eine Zweiklassengesellschaft zu etablieren. Jene Staaten, die die Verrechtlichung vorantreiben, sich dieser aber
selbst nicht unterwerfen wollen, und jene Staaten, die zum
Objekt dieser Verrechtlichung werden. Dass eine solche

Zweiklassengesellschaft von Staaten, die nicht Großmächte sind, abgelehnt wird, erscheint evident. Aber die Verrechtlichung scheitert auch daran, dass sich die Großmächte selbst über die Regeln, die sie anderen auferlegen wollen, zumeist uneinig sind. Nicht zuletzt haben die Versuche der USA und ihrer Verbündeten, das System nach ihren Vorstellungen zu verrechtlichen, dazu geführt, dass der Universalismus bestimmter Ideen (Menschenrechte, bedingte Souveränität) diskreditiert wurde, da er als ein liberal-imperiales Instrument erschien, das zur Verwestlichung der internationalen Beziehungen im Zeitalter globaler Machttransitionen dienen sollte. Insbesondere Staaten wie Russland, China oder Indien wollen – wenn sie mächtig genug sind, um den USA auf Augenhöhe zu begegnen –, dass Verrechtlichung auch ihre Vorstellungen von Gerechtigkeit berücksichtigt.

1990 schien es, als ob das Zeitalter des ewigen Friedens anbrechen würde, in dem das Recht Vorrang vor der Machtpolitik haben würde und in dem globale Politik durch die Kooperation der großen Staaten gekennzeichnet wäre. Doch letzten Endes setzte sich, wie so oft in der Geschichte, die Großmachtpolitik durch. Bedingt durch ihre Machtfülle erlagen die amerikanischen Administrationen der Versuchung, die Welt aktiv nach ihren Vorstellungen umzugestalten – und zwar zusammen mit ihren europäischen Verbündeten, die das generelle Ziel teilten, oftmals jedoch andere Mittel bevorzugten, um es zu erreichen. Die Hoffnung auf eine schöne neue Weltordnung erwies sich jedoch als Illusion. In den nichtwestlichen Staaten wurde die Universalisierung westlicher Werte und Normen als eine liberal-imperialistische Politik wahrgenommen, mit der der Westen versuchte, seine Vorherrschaft auf Jahre hinweg zu zementieren und andere, aufsteigende Mächte daran zu hindern, ihren Einfluss geltend zu machen. Daher stießen alle Versuche, Demokratie, Verrechtlichung und Institutionalisierung zu fördern, auf Widerstand. Aber es war nicht nur der Widerstand der Anderen, der die amerikanischen Vorstellungen als Illusion entlarvten, sondern es war auch die «westliche» Politik selbst, die mit ihren Doppelstandards, ihrem Egoismus, ihren Ausnahmen und Widersprüchen den Eindruck bestärkte, dass es sich lediglich um klassische Machtpolitik mit anderen Mitteln handeln würde. Das Ergebnis dieser verfehlten Politik ist eine weitgehende Diskreditierung der Werte und Normen der westlichen Welt im globalen Maßstab.

Verschlimmert wurde diese Situation zusätzlich durch die militärische Interventionspolitik der USA und ihrer Verbündeten. Denn fast nirgends wurden durch den Einsatz von Militär Konflikte befriedet, sondern sie wurden perpetuiert oder es wurden gar neue Konflikte geschaffen, die bis heute die Akteure der internationalen Politik vor nahezu unlösbare Probleme stellen. Der Traum von der Verwestlichung der Welt ist heute ausgeträumt, auch wenn er in den Meinungsspalten der Zeitungen noch in voller Blüte steht. Zurück blieb die neue Unordnung, die die internationale Politik noch lange Zeit kennzeichnen wird.

2. Die großen Mächte in der Weltunordnung

Städte, die früher groß waren, sind größtenteils
klein geworden; und die zu meiner Zeit mächtig
waren, sind früher unbedeutend gewesen.
(Herodot, Historien I.5)

Wie ein Magnetfeld stabil wird, wenn es seine Pole gefunden hat, so erwarten manche Beobachter ein Ende der Unordnung, sobald sich eine neue Polarität im internationalen System herausgebildet hat. Das gegenwärtige Chaos resultiere aus dem Doppelbefund des amerikanischen Niederganges und des Aufstiegs neuer Mächte. Solange es auf der globalen Ebene keine neue stabile Balance gebe, so das Argument, so lange werde die Welt durch Unordnung gekennzeichnet sein.

Die dahinterstehende Debatte ist alt. Bereits in den 1960er Jahren wurde darüber gestritten, welche Systemkonfiguration, multi- oder bipolar, besser sei.[1] Da der Ost-West-Konflikt durch eine scheinbar stabile Bipolarität gekennzeichnet war und das Aufkommen eines dritten weltpolitischen Pols unwahrscheinlich schien, besaß die Frage allerdings nicht die allergrößte Dringlichkeit. Mit dem Epochenwandel von 1990/91 wurde sie jedoch erneut virulent. Grundsätzlich lassen sich in dieser, vor allem in Amerika geführten Debatte zwei Lager unterscheiden: jene Autoren, die mit der Übermacht der USA (also mit Unipolarität) bestimmte Hoffnungen für Stabilität verknüpfen, sowie jene, die in einer kommenden Multipolarität die größten Chancen für eine stabile Ordnung im 21. Jahrhundert sehen.

Die Befürworter amerikanischer Unipolarität sind sich darin einig, dass eine Welt unter US-Vorherrschaft stabiler sei, weil sie sich von ihr einen pazifizierenden Einfluss erhoffen. Sie verkennen jedoch, dass Führung Gefolgschaft braucht. Ohne Staaten, die bereit sind, der amerikanischen Vormacht zu folgen, können die USA die ihr zugedachte Rolle gar nicht ausüben. Viele Befürworter eines unipolaren Systems übersehen zudem, dass die führende Macht dort weniger strukturellen Zwängen ausgesetzt ist als in bi- oder multipolaren Systemen. Dadurch wird die Außenpolitik eines Unipols weitaus stärker als in anderen machtpolitischen Konfigurationen von seiner Innenpolitik bestimmt. Und eine volatile öffentliche Meinung kann diese erratisch werden lassen. Ferner hat der Unipol kaum Autorität über andere mächtige Staaten im internationalen System.[2] Allein diese Tatsache führt dazu, dass von Stabilität unipolarer Konstellationen kaum die Rede sein kann. Im Gegenteil, die unipolare Stellung, die die USA innehatten und in Teilen auch heute noch besitzen, verleitet sie zu Alleingängen. Sie verführt sie dazu, revolutionäre Politik zu betreiben, um die Welt nach ihrem Willen und ihrer Vorstellung umzugestalten, und produziert dadurch Widerstände, die die Stabilität des Systems gefährden. Mithin lässt sich aus dem Faktum der Unipolarität allein noch keinerlei Hoffnung auf internationale Stabilität ableiten.[3] Man könnte eher das Gegenteil behaupten.

Die zweite große Denkschule glaubt, dass eine multipolare Systemstruktur auf Großmächte zähmend wirke. Das Verhalten der Pole werde durch die beständige Sorge dominiert, dass die anderen Großmächte zu stark werden könnten. Diese Furcht wirke sich mäßigend auf alle Pole aus, mache ihre Aktionen und Interaktionen berechenbar und lasse sie ihr Verhalten (egal ob es sich um demokratische oder autoritäre Pole handelt) angleichen. Darüber hinaus seien alle Pole darum bemüht, mittlere und kleinere Staaten durch Allianzen und bilaterale Verträge an sich zu binden. Der Preis, den die Pole dafür zu zahlen bereit seien, sei die Bereitstellung kollektiver Güter (zumeist Sicherheit und Partizipation am ökonomischen Reichtum der Pole). Die Pole sorgten somit für regionale Stabilität und nähmen auf der globalen Ebene die Rolle von Managern ein. Allerdings sind sich die meisten Beobachter darin einig, dass eine globale multipolare Ordnung eine prekäre wäre, da die diversen Pole ihren Status durch eine harte, zumeist militärisch konfrontative Politik gegenüber der vorherrschenden Macht erlangen, und wenn sie ihre Position im internationalen System erreicht haben, um Einfluss und Prestige und letzten Endes um Vorherrschaft ringen.[4] Mithin sind auch multipolare Systeme in sich instabil.

Letzten Endes unterliegen sowohl die Vertreter der unipolaren wie auch die Befürworter der multipolaren Systemstruktur dem gleichen logischen Fehlschluss. Die Polarität eines internationalen Systems sagt zunächst einmal nichts über dessen Stabilität aus. Sie dient lediglich der Beschreibung der Systemstruktur. Mehr nicht. Die Hoffnung, das internationale System werde sich stabilisieren, wenn es seine Pole wiedergefunden hat, ist trügerisch. Doch welchen Effekt haben der allseits beschworene Niedergang der USA und der Aufstieg der neuen Mächte dann auf das internationale System? Wie hat sich die Machtverteilung in den letzten Jahren verändert und was bedeutet Macht überhaupt in den Zeiten der Weltunordnung?

Folgt man klassischen Studien zur Messbarkeit von Macht,[5] dann sind es Faktoren wie militärische Stärke, wirtschaftliche Leistungskraft, politische Stabilität, Innovationsfähigkeit im technologischen Bereich und dergleichen mehr, die die Machtpotenziale von Staaten ausmachen. Legt man diese Kriterien an, so ergibt sich folgendes Bild: Im militärischen Bereich, insbesondere bei den Ausgaben für Verteidigung, sind die Vereinigten Staaten heute und wohl auch noch auf absehbare Zeit die bei weitem stärkste Macht im internationalen System.

Selbst die unter Präsident Obama 2012 verkündete Kürzung des Verteidigungshaushaltes um ca. 400 Milliarden US-Dollar bis 2022 würde, sollte sie vollzogen werden, den Etat der USA

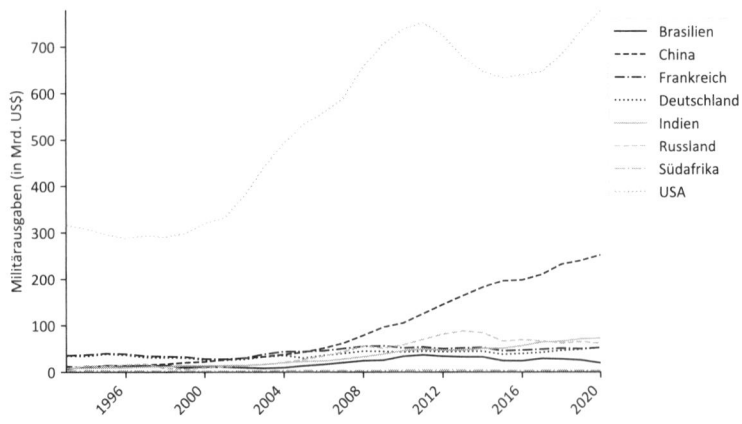

Graphik 1: Verteidigungsausgaben.

auf ein Niveau von vor 9/11 zurückführen, als, wie Graphik 1 zeigt, der US-Verteidigungshaushalt noch immer um ein Mehrfaches höher war als die Verteidigungshaushalte der in der Graphik enthaltenen restlichen Staaten zusammengenommen.

Allerdings wird in der Wissenschaft richtigerweise immer wieder darauf hingewiesen, dass die bloße Auflistung von Verteidigungsausgaben noch nichts über die Qualität der damit unterhaltenen Streitkräfte aussagt. So zählt die nordkoreanische Armee, was ihre Mannschaftsstärke anbelangt, zu den größten der Welt, aber kein Experte würde daraus ableiten, dass Nordkorea einen Krieg gegen Großbritannien zwangsläufig gewinnen müsste. Mehr als auf Finanz- und Mannschaftsstärke kommt es auf die Qualität des Militärgerätes an und auf die Fähigkeit der Soldaten, dieses zu nutzen. Um diesem Einwand Rechnung zu tragen, wurde der «M score» von Phil Arena[6] entwickelt. Ziel dieser Messmethode ist es, nicht nur die Größe von Streitkräften, sondern auch deren Qualität zu messen und vergleichbar zu machen. Auf dieser Basis stellt sich das militärische Kräfteverhältnis zwischen den USA und ihren potenziellen Konkurrenten wie folgt dar:

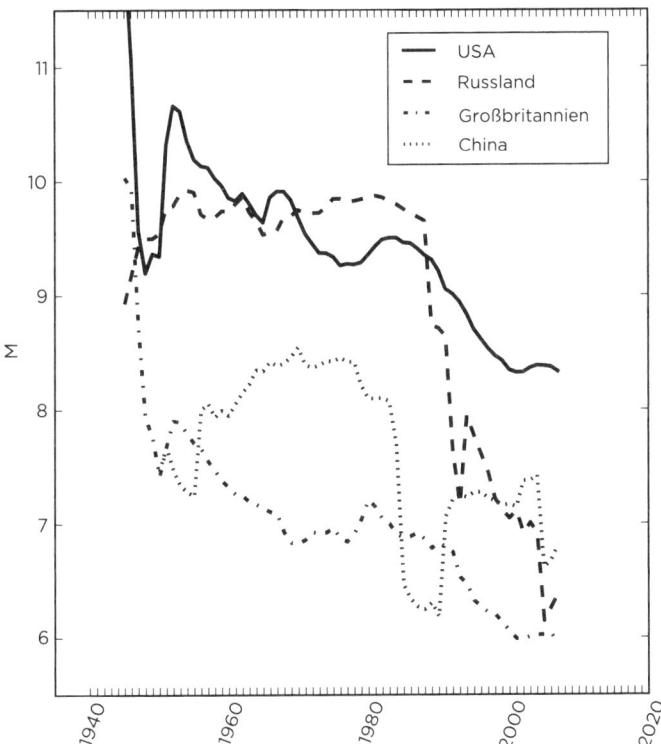

Graphik 2: M-score (Militärpotenziale).

Aufgrund beider Graphiken lässt sich festhalten, dass die Verteilung der militärischen Machtmittel noch lange unipolar bleiben wird und zwar sowohl was die Qualität der US-Streitkräfte als auch was die Verteidigungsausgaben anbelangt. China, das gegenwärtig enorme Anstrengungen unternimmt, um militärisch aufzurüsten und die Qualität der eigenen Streitkräfte zu verbessern, wird zwar zukünftig Russland, Großbritannien und Frankreich hinter sich lassen, jedoch auch weiterhin nicht in der Lage sein, sich der Qualität der amerikanischen Streitkräfte anzunähern.[7] Hinzu kommt, dass die USA derzeit noch die Hoheit über Land, See, Luft und auch den Weltraum besitzen. In keiner dieser vier Domänen ist es einer anderen staatlichen Macht oder einer Koalition von Mächten möglich, den Streitkräften der Vereinigten Staaten ernsthaft und lang anhaltend Widerstand zu leisten.[8]

Doch inwiefern kann militärische Macht heute noch für politische Ziele eingesetzt werden? Eine militärische Austragung von Konflikten zwischen Großmächten erscheint auf lange Sicht unwahrscheinlich, da jede von ihnen über eine gesicherte Zweitschlagfähigkeit verfügt. Dies wird sie aller Voraussicht nach davon abhalten, in einen Krieg einzutreten, an dessen Ende die Vernichtung beider Konfliktparteien stehen würde. Zudem gilt auch zukünftig, dass jeder der in Graphik 1 und 2 aufgeführten Staaten in der Lage sein wird, andere, kleinere Staaten militärisch zu besiegen, wie es Russland 2008 erfolgreich in Georgien vorgemacht hat oder die USA in einer der vielen Interventionen seit dem Fall der Mauer. Dennoch treten heute die Grenzen militärischer Macht deutlich zutage. Wenn es sich bei einem Einsatz nicht um die Verteidigung vitaler nationaler Interessen oder des eigenen Territoriums handelt, so wird es – insbesondere für demokratische Staaten – zusehends schwerer, die dafür notwendige innenpolitische Unterstützung zu generieren. Zwar machen es die Umbrüche in der Medienlandschaft Regierungen in gewisser Weise einfach, die Bevölkerung zu manipulieren. Zeitungen orientieren sich, da die Redakteure immer weniger Zeit haben und es auch immer weniger Korrespondenten gibt, oft an Verlautbarungen der eigenen Regierungen, gerade in internationalen Krisen. Doch lässt sich die öffentliche Meinung in Zeiten der neuen Informationstechnologien nur noch punktuell manipulieren und es ist für Regierungen immer schwieriger, durch Manipulation (z. B. der Hufeisenplan im Kosovo, die Existenz von Massenvernichtungswaffen im Irak) Unterstützung bei der Öffentlichkeit über einen langen Zeitraum hinweg aufrechtzuhalten. Zusätzlich fragmentiert sie sich durch die Tatsache, dass jedes Individuum für seine eigene Meinung über einen außenpolitischen Sachverhalt, so krude sie auch sein mag, in sozialen Medien Gleichgesinnte findet. Dadurch entsteht der Eindruck, die eigene Meinung sei keine Minderheitenauffassung, sondern werde von einer Vielzahl von Menschen geteilt. Mithin bewirkt das Internet eine Ausdifferenzierung von Teilöffentlichkeiten, wie dies Jürgen Habermas einmal genannt hat, eine hierarchielose Aufwallung.[9] Dies erschwert es Regierungen, den in Demokratien notwendigen öffentlichen Konsens für ihr Handeln herzustellen.

Zusätzlich erschweren die Verbreitung und vor allem die Verbilligung von Technologie den Einsatz militärischer Macht im 21. Jahrhundert. Es kostete den irakischen Widerstand gegen die US-Besatzung ganze 30 US-Dollar, um die Software der Predator-Drohne auszulesen und zu manipulieren.[10] Al Qaida gab für die Anschläge des 11. Septembers schätzungsweise 500000 US-Dollar aus. Die amerikanische Reaktion kostete bis heute ungefähr 3 Billionen US-Dollar. Der Einsatz militärischer Mittel verursacht auf Seiten der Großmächte erhebliche Kosten, während es den vermeintlich Schwachen möglich ist, durch den Einsatz verhältnismäßig geringer Ressourcen den vermeintlich Starken große Schäden zuzufügen.

Schließlich finden die Kriege des 21. Jahrhunderts in der Regel nicht zwischen Staaten statt, sondern sind zumeist sogenannte hybride Kriege (Stichwort: «russische grüne Männer»), die sich durch eine Mischung aus «konventionellen Waffen, irregulären Taktiken, terroristischen Mitteln sowie kriminellem Verhalten»[11] auszeichnen. In diesen Kriegen geht es um militärische Macht und Stärke, allerdings immer öfter auch um Narrative. Israel hat den Krieg gegen die Hisbollah 2006 und gegen die Hamas 2008 und 2014 nicht auf dem Schlachtfeld, sondern im Fernsehen und im Internet verloren. Und die USA haben den Krieg gegen den Irak 2003 und gegen die Taliban 2001 nicht militärisch, sondern zu einem gewissen Teil auch auf der Ebene der «großen Erzählung» verloren. Denn als deutlich wurde, dass es nach der erfolgreichen Beendigung der militärischen Handlungen in beiden Ländern kein Konzept für die Zeit danach gab, verlor das amerikanische Narrativ der Demokratisierung an Glaubwürdigkeit. Die irregulären Kombattanten der hybriden Kriege wissen, dass sie die Auseinandersetzung mit einem Staat rein militärisch nicht gewinnen können. Daher zielen sie darauf ab, ihn an seiner Heimatfront zu besiegen. Wenn das begründende Narrativ geschwächt und die Zahl der eigenen Toten hoch ist, geht die Unterstützung der Bevölkerung verloren.[12] Der Besitz militärischer Machtmittel allein ist daher im 21. Jahrhundert nicht mehr automatisch mit der Fähigkeit verbunden, eigene Interessen mittels des Einsatzes oder der Androhung von Gewalt durchzusetzen.

Militärische Macht dient auch dazu, verbündete Staaten zu schützen. Klassischerweise bieten militärisch starke Staaten anderen Staaten bilaterale Sicherheitsverträge oder multilaterale Allianzen an, wenn sich beide einer gemeinsamen Bedrohung ausgesetzt sehen, die der militärisch schwache Staat allein nicht ausbalancieren kann. Um Schutz zu erlangen, ist er unter gewissen Umständen bereit, Einschränkungen seiner Souveränität in Kauf zu nehmen.[13] In dieser Logik war es den USA sowie der UdSSR möglich, während des Ost-West-Konflikts ein fast den gesamten Globus umspannendes Netz aus bi- oder multilateralen Allianzen zu spannen.[14] Mit dem Wegfall der globalen Systemkonfrontation existiert für viele Verbündete der USA keine Notwendigkeit des Schutzes mehr. So ist es – trotz des russischen Verhaltens von 2014 und dem Angriffskrieg auf die Ukraine von 2022 – nahezu undenkbar, dass die Russische Föderation einen umfassenden Angriff auf das Territorium der Bundesrepublik Deutschland planen und durchführen wird. Entfällt ein solches Bedrohungsszenario, dann gibt es für einen Staat wie Deutschland immer weniger Notwendigkeit, sich von der amerikanischen Sicherheitsgarantie (sei sie konventionell oder nuklear) abhängig zu fühlen. Eine Reduzierung dieser Abhängigkeit (sei sie real oder nur wahrgenommen) eröffnet jedoch Handlungs-spielräume für die vormals abhängigen Akteure.

So konnte das türkische Parlament am 1. März 2003 den Wunsch der USA, zur Vorbereitung der Invasion des Irak 62 000 US-Soldaten im Land zu stationieren, ablehnen und die Bundesrepublik Deutschland sich 2011 im UN-Sicherheitsrat der Zustimmung zur militärischen Operation gegen Libyen durch Enthaltung entziehen. Vier von fünf Oberhäuptern der Golfmonarchien wiesen die Einladung von Präsident Obama zurück, im Mai 2015 nach Camp David zu kommen (sie schickten stattdessen ihre Stellvertreter), und Israel kann bis heute alle Warnungen seitens der USA und der EU, den illegalen Siedlungsbau in Ost-Jerusalem und den besetzten Gebieten zu stoppen, ignorieren. Den Staaten in den vier genannten Beispielen ist gemein, dass sie von der amerikanischen Sicherheitsgarantie nicht mehr in dem Maße abhängig sind, wie dies noch bis 1990 der Fall gewesen ist.

Darüber hinaus gibt es Sicherheitsgarantien von starken an schwache Staaten, die nicht besonders glaubwürdig sind. So ist es als eher unwahrscheinlich anzusehen, dass die USA wegen Taiwan einen militärischen Konflikt mit China riskieren würden. Auszuschließen ist so ein Verhalten zwar nicht, was u. a. erklärt, warum sich China Taiwan noch nicht militärisch einverleibt hat. Aber sollte es in Zukunft zu solch einem Szenario kommen, dann spricht doch vieles dafür, dass die USA keinen Nuklearkrieg für die Freiheit und Unabhängigkeit Taiwans führen werden. Somit reduziert sich die Möglichkeit für militärisch starke Staaten, Einfluss auf Verbündete und ihre Außen- und Sicherheitspolitik zu nehmen.

Die Bedeutung militärischer Macht für die internationale Politik hat sich also im 21. Jahrhundert stark gewandelt. Sie hat weiterhin Bedeutung für die Sicherheit des eigenen Territoriums. Darüber hinaus gibt es aber eine Vielzahl von Faktoren, die ihren Einsatz heute und auch in Zukunft weitaus weniger effektiv macht, als dies in der Vergangenheit der Fall

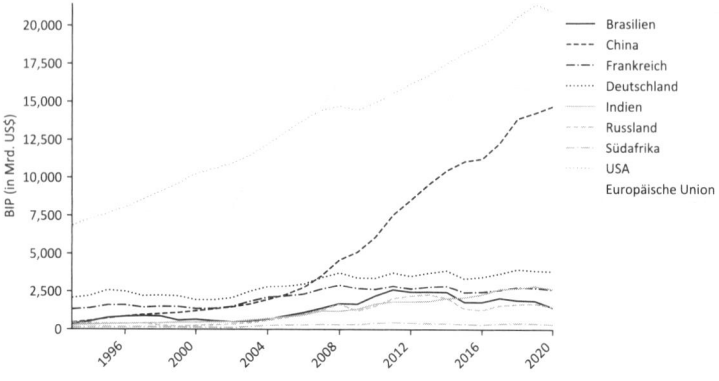

Graphik 3: Verteilung BIP.

war. Irreguläre Akteure, die Verfügbarkeit von Technologie, soziale Medien sowie eine Militäreinsätzen zunehmend skeptisch gegenüberstehende Öffentlichkeit führen dazu, dass der erfolgreiche Einsatz von Streitkräften in Zukunft nur unter erschwerten Bedingungen möglich sein wird. Die einseitige Verteilung militärischer Macht allein schafft somit noch keine unipolare Weltordnung.

Wenden wir uns den ökonomischen Potenzialen zu, so ergibt sich das Bild einer bereits heute multipolaren Welt. Im ökonomischen Bereich, bei der Verteilung des Bruttoinlandsproduktes, wie sie Graphik 3 zeigt, existiert eine tripolare Konfiguration zwischen der EU, den USA und mit einigem Abstand der Volksrepublik China. Auch wenn gegenwärtig die Wirtschaft in der Eurozone und auch in der EU insgesamt in einer tiefen Krise steckt und die USA sich nur langsam von der Finanzkrise im Jahr 2008 erholen, so ändert sich an dieser grundlegenden Konstellation wenig. Die Europäische Union ist ökonomisch gesehen ein Pol in der internationalen Wirtschaftsordnung.

Die ökonomische Macht Europas wird auch über eine Betrachtung des Indikators für Investitionen in Forschung und Entwicklung deutlich. Gemessen am Bruttoinlandsprodukt

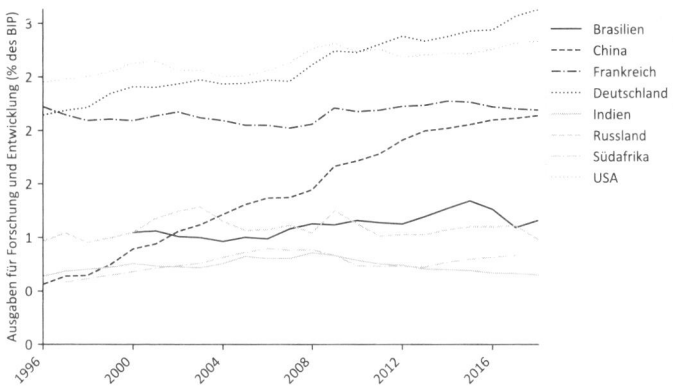

Graphik 4: Investitionen in Forschung und Entwicklung.

gibt Deutschland einen höheren Anteil für Forschung und Entwicklung aus als die USA. China steigert massiv seine Investitionen in diesen Sektor. Bedenkt man jedoch, wie sehr China
technologisch noch immer hinter Europa und den USA liegt,
dann sagen diese Wachstumsraten nur etwas über die chinesischen Anstrengungen aus, Anschluss an die hochtechnologi-
sierte westliche Welt zu finden, nichts jedoch über die Ergebnisse dieser Anstrengungen.

Auch im Export, einem weiteren Indikator für wirtschaftliche Stärke, zeigt sich eine tripolare Konfiguration zwischen
China, den USA und Europa. Hier lässt sich eine annähernd
gleiche Machtverteilung zwischen Deutschland, den USA
und China beobachten. Wobei man aber darauf hinweisen
muss, dass die Bundesrepublik Deutschland vom Export ab-
hängiger ist als China und die USA. Letztere können einbre-
chende Exporte zu einem großen Teil durch eine Steigerung
der Binnennachfrage kompensieren. Sie sind somit ökonomisch unabhängiger, als dies bei vielen EU-Staaten der Fall ist.

Man könnte durch Hinzuziehungen zusätzlicher Indikatoren (wie z.B. ausländische Direktinvestitionen, Schuldenan-
teil im Verhältnis zum BIP) die These, dass die ökonomische

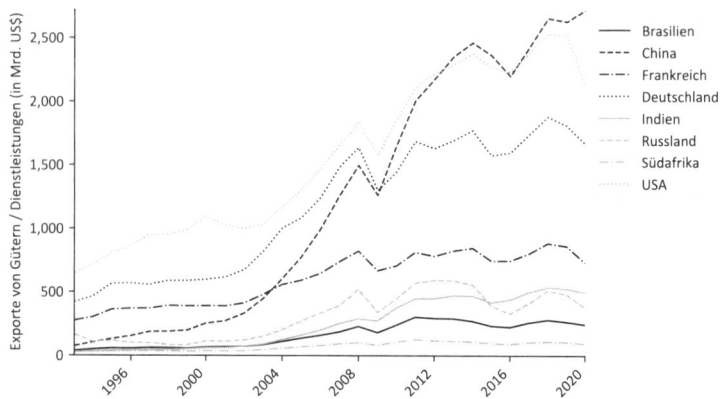

Graphik 5: Exportraten.

Machtverteilung gegenwärtig und auf absehbare Zeit eine tripolare sein wird, noch weiter erhärten. Für die Zwecke des
vorliegenden Kapitels erscheint dies jedoch nicht notwendig.

Es stellt sich aber auch hier die Frage, welche Bedeutung
ökonomischer Macht heute zukommt. Lässt sich hier ein ähn-
licher Effekt beobachten wie bei der militärischen Macht? Wird
es also auch im ökonomischen Bereich zusehends schwieriger,
Macht zur Verfolgung eigener Interessen einzusetzen bzw.
mit ihrem Einsatz gewünschte Ergebnisse zu erzielen?

Zunächst einmal die gute Nachricht: Ökonomisches Wachstum und ökonomische Stärke werden auch weiterhin das
Fundament für die Entwicklung und Beibehaltung militärischer Stärke bleiben.[15] Die Finanzkrise von 2008 hat deutlich
gezeigt, dass ökonomische Schwäche einen direkten und unmittelbaren Einfluss auf militärische Stärke hat (in Abwesenheit einer übergroßen territorialen Bedrohung). Allerdings
sind dem Einsatz ökonomischer Macht im Bereich der internationalen Politik heutzutage stärkere Grenzen gesetzt, als
dies in der Vergangenheit der Fall gewesen ist. Diese Grenzen
resultieren aus einer Vielzahl von Entwicklungen, von denen
einige im Folgenden kurz skizziert werden sollen.

Heutzutage lassen sich Märkte (vor allem Finanzmärkte) sowie transnationale wirtschaftliche Akteure ungleich schwerer durch Staaten kontrollieren und regulieren. Manchmal entsteht gar der Eindruck, dass diese in der Lage sind, Staaten zu bestimmten Aktionen hin- oder von diesen abzubringen. So konnte die Londoner City (als Synonym für Banken und Versicherungen) 2010 erfolgreich damit drohen abzuwandern, falls die britische Regierung im Rahmen der EU einer zu starken Bankenregulierung zustimmen würde. Die nach 2008 so eindringlich beschworene Regulierung der Finanzmärkte hat bis heute nur geringe Ergebnisse gezeigt, weil sich die Märkte dieser Regulierung erfolgreich entziehen respektive sich ihr verweigern. Im Gegenteil: 2014 befürchteten viele Ökonomen erneut einen baldigen Kollaps der Finanzmärkte.[16]

Auch Ratingagenturen, so hat es die Finanzkrise 2008 gezeigt, verfügen über eine enorme Macht, um Investitionsströme in Staaten hinzulenken oder von diesen abzuziehen. Durch ihre intransparente Ratingpraxis sind diese privatwirtschaftlichen und, man muss es immer wieder betonen, von niemandem legitimierten Akteure in der Lage, staatliche Anstrengungen zu behindern, zu konterkarieren oder zu unterstützen. Die Macht solcher privatwirtschaftlichen Akteure in der politischen Welt wird auch durch folgendes weiteres Beispiel deutlich. Goldman Sachs erfand 2001 den Begriff BRIC, um Investoren auf Möglichkeiten in beeindruckenden Wachstumsmärkten (namentlich Brasilien, Russland, Indien und China) aufmerksam zu machen. Über die Jahre wurde diese aus ökonomischen Gründen zusammengestellte Staatenformation von anderen Staaten als politische Gruppe betrachtet, und diese vier Staaten begannen, sich selbst als politische Gruppe zu identifizieren. Die Folge war im Jahre 2009 die politische Institutionalisierung dieser Gruppe und ihre Erweiterung um Südafrika, die seitdem zunehmend als politische Handlungseinheit auftritt. Dass die zunehmende Bedeutung der BRICS-Staaten im Kern auf den ökonomischen und politischen Aufstieg Chinas zurückzuführen ist,[17] ist dabei zunächst einmal von sekundärem Interesse.

Ein weiteres Beispiel für die zunehmenden Schwierigkeiten von Großmächten, ihre ökonomische Macht zur Verfolgung ihrer Ziele einzusetzen oder durch den Einsatz ökonomischer Macht bestimmte Ergebnisse zu erzielen, ist das Phänomen ökonomisch potenter Zwergstaaten. So ist es einem Stadtstaat wie Katar in den vergangenen Jahren möglich gewesen, über den Einsatz immenser ökonomischer Mittel diverse Bewegungen im Mittleren und Nahen Osten finanziell zu unterstützen. Dazu zählten die Muslimbrüder in Ägypten und auch die terroristische Bewegung Islamischer Staat in Syrien sowie im Irak. Allein durch finanzielle Mittel war es Katar möglich, die Politik der Großmächte USA, EU, aber auch Russlands in der Region zu konterkarieren.[18]

Im Bereich ökonomischer Machtmittel spielen heute also neben Staaten transnationale Wirtschaftsunternehmen, unsichtbare Märkte und Nicht-Großmächte eine immer größere Rolle. Die Aktivitäten dieser Akteure können Großmächte daran hindern, ihre ökonomische Macht zur Verfolgung ihrer nationalen Interessen «effektiv» im Sinne von ziel- und ergebnisorientiert einzusetzen. Zwar versuchen Staaten auch weiterhin, Regeln zu setzen, in deren Rahmen sich nichtstaatliche Akteure bewegen müssen, allerdings wird dies zunehmend schwieriger. Macht zu haben bedeutet im 21. Jahrhundert nicht unbedingt, die Fähigkeit zu besitzen, seine Zielvorstellungen in der internationalen Politik auch erfolgreich durchsetzen zu können.

Das Ende des amerikanischen Jahrhunderts?

Lässt sich angesichts der Statistiken die Behauptung namhafter Wissenschaftler aufrechterhalten, die das Ende des amerikanischen Jahrhunderts ausrufen? Nein, weil die USA weiterhin der militärisch dominierende Staat im internationalen System bleiben werden und der gegen Ende des Jahres 2014 einsetzende wirtschaftliche Aufschwung als Zeichen für die Revitalisierung amerikanischer Stärke im ökonomischen Bereich angesehen werden kann. Ja, weil die USA bereits seit langem nicht mehr in der Lage sind, Entwicklungen in anderen Bereichen der Welt zu ihren Gunsten zu beeinflussen. Dass dem so ist, hängt allerdings weniger mit einem Schwund an Machtmitteln zusammen als vielmehr mit deren veränderter Einsetzbarkeit im 21. Jahrhundert. Dass der Besitz von Machtmitteln nicht mehr automatisch mit der Fähigkeit verbunden ist, Entwicklungen im eigenen Interesse zu beeinflussen, wird auch von der gegenwärtigen US-Administration anerkannt. Obwohl die 2015 veröffentlichte National Security Strategy[19] der Obama-Administration unaufhörlich das Selbstverständnis der USA als führende Nation betont, gesteht sie zugleich auch ein, dass die Natur von Macht sich grundlegend gewandelt hat[20] und die USA nicht automatisch davon ausgehen können, dass der Einsatz ihrer Machtmittel auch das Ergebnis zeigt, das sich die US-Administration von diesem Einsatz erhofft. Diese Einsicht ist die Konsequenz aus der imperialen Versuchung, der die Vereinigten Staaten nach dem Ost-West-Konflikt erlagen und die unter der Administration von George W. Bush mit der Invasion des Iraks ihren Höhe- und Scheitelpunkt hatte.

Die Begrenzung, die die USA in der Ausübung ihrer globalen Rolle erfahren, hängt aber auch damit zusammen, dass viele Verbündete sich heutzutage weniger abhängig fühlen. Da Souveränität, verstanden als die Freiheit eigene Entscheidungen zu treffen, aus Sicht von Staaten ein hohes Gut ist, sind viele Verbündete nicht mehr dazu bereit, den Wünschen der USA Folge zu leisten. Dem Hegemon fehlt die Gefolgschaft und ohne diese steht er oftmals nackt dar! Sicher, es gibt immer wieder Situationen, in denen die USA in der Lage sind, Koalitionen von Staaten zu schmieden und Gefolgschaft herzustellen. Im Gegensatz zu den Zeiten, als sich große Teile der Welt in zwei Blöcken gegenüberstanden, ist diese Gefolgschaft jedoch temporär, und Washington kann nicht mehr auf einen «ring of friends» bauen, der sich immer um die USA scharen wird.

Dies liegt auch an der Glaubwürdigkeitskrise amerikanischer Sicherheitsgarantien. Viele amerikanische Verbündete zweifeln, ob die USA im Falle einer Aggression auch wirklich Beistand leisten würden. Diese Problematik ist nicht neu, sie hat bereits in den 60er Jahren des 20. Jahrhunderts Konrad Adenauer und Charles de Gaulle dazu veranlasst, Alternativen zur amerikanischen Sicherheitsgarantie zu eruieren.[21] Sie wird aber heute dadurch verschärft, dass die globale Politik der USA nach 1989/90 noch stärker an US-amerikanischen Interessen ausgerichtet ist, als dies im Kalten Krieg der Fall war. Vor allem aber stellt sie sich aus der Perspektive amerikanischer Verbündeter neu, weil die globale Rolle der USA immer weniger innenpolitische Unterstützung findet. Eine Mehrzahl der Amerikaner ist kriegs- und interventionsmüde und steht einem globalen Engagement ihres Landes, welches nicht strikt am eigenen Interesse ausgerichtet ist, skeptisch bis offen ablehnend gegenüber.

Daher verwundert es nicht, dass ein prominenter Vertreter der Demokratischen Fortschrittspartei Taiwans angesichts des wachsenden chinesischen Drucks seiner Befürchtung Ausdruck verlieh, die USA könnten Taiwan sich selbst überlassen.[22] Auch andere asiatische Verbündete der USA zweifeln an der Glaubwürdigkeit einst existierender Sicherheitsgarantien.[23] Die baltischen Staaten stellen sich ebenfalls die Frage, ob die NATO eine einstimmige Entscheidung zur Verteidigung der baltischen Staaten treffen würde.[24] Diese Verunsicherung bei Verbündeten der USA führt zu zwei Entwicklungen: Die Loyalität zu den USA nimmt ab und es eröffnen sich Handlungsspielräume für eine alternative Außenpolitik. Zugleich diskreditieren sich die Vereinigten Staaten

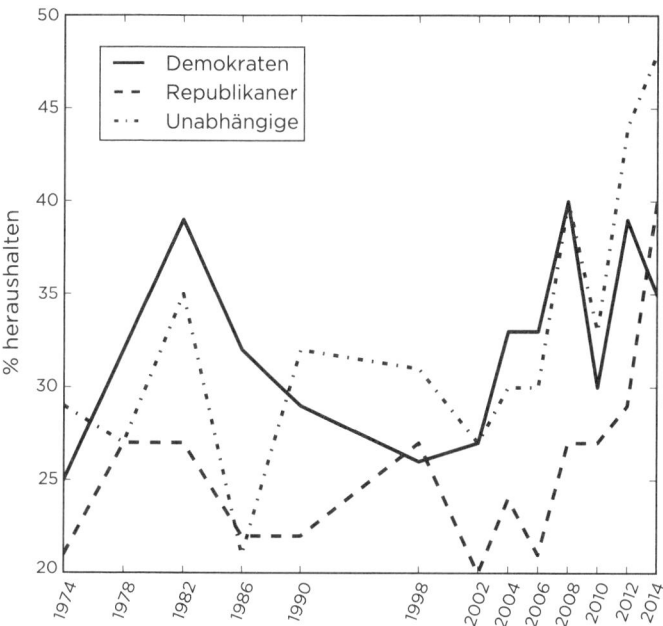

Graphik 6: «Glauben Sie, dass es das Beste für die Zukunft der USA ist, wenn sie eine aktive Rolle im Weltgeschehen einnimmt oder sich heraushält?» (% heraushalten).

bei ihren Verbündeten selbst, da sie zwei Rollen ausüben, die zunehmend inkompatibel sind: die des liberalen Hegemons innerhalb der demokratischen Staatengemeinschaft und die der Großmacht im internationalen System.

«Als liberaler Hegemon sind die Vereinigten Staaten prinzipiell zu multilateralem Handeln und damit auch der Bereitstellung kollektiver sicherheitspolitischer Güter verpflichtet. Als Großmacht mit allumfassender militärischer Dominanz verfolgen sie jedoch einen robusten Nationalismus, dessen Handlungen zum Teil im eklatanten Widerspruch zu den Grundsätzen einer neuen, auf Demokratie basierenden Weltordnung stehen.»[25]

Viele Initiativen werden durch diese Rolleninkompatibilität

doppeldeutig: als machtpolitischer Egoismus oder als Versuch, eine neue liberale Ordnung zu etablieren.

Die Doppelrolle der Vereinigten Staaten hat in den letzten beiden Jahrzehnten nicht unwesentlich dazu beigetragen, dass die westlich-demokratische Staatengesellschaft keine politische Handlungseinheit mehr darstellt. Diese existierte erst seit dem Ende des Zweiten Weltkrieges und war sicherlich den gemeinsamen Werten, denen sich die USA und die Westeuropäer verpflichtet gefühlt haben, geschuldet. Auch die gemeinsame Geschichte, die beide Kontinente seit der Entdeckung Amerikas verbunden hat, trug dazu bei, dass beide Seiten des Atlantiks bis zum Fall der Mauer eine politische Handlungseinheit bildeten. Entscheidend war jedoch die gemeinsame Bedrohung durch die Sowjetunion, der sich sowohl die USA als auch die Westeuropäer ausgesetzt sahen. Diese bildete das Fundament für den «Westen» und schmiedete beide Seiten zusammen. Unter amerikanischer Führung schufen sie das, was bis heute als liberale Weltordnung Eingang in die Geschichtsbücher gefunden hat. Grob gesprochen basierte diese liberale Weltordnung auf zwei Pfeilern: Demokratie und Marktwirtschaft.

Nachdem es Anfang der 90er Jahre für kurze Zeit so aussah, als ob diese beiden Fundamente der liberalen Weltordnung einen globalen Siegeszug antreten würden und liberale Träume einer Weltinnenpolitik zum Greifen nahe schienen, sind sie spätestens seit 9/11 immer mehr unter Druck geraten und werden inzwischen von verschiedenen Seiten infrage gestellt. Allen voran von China und Russland, jenen Staaten, die zukünftig die Geschicke und Prinzipien internationaler Politik an vorderster Front mitbestimmen wollen. Dabei, dies ist historisch einmalig, wird Widerstand gegen diese liberale Weltordnung nicht mittels harter Gegenmachtbildung insbesondere im militärischen Bereich betrieben, sondern eher in weicher Form, als Delegitimierung der bestehenden Ordnung. Bevor wir uns diesen weichen Formen der Gegenmachtbildung zuwenden, nach ihren Motiven und ihren Erscheinungsformen fragen, gilt es zunächst die Anomalie zu erklären, dass harte Gegenmachtbildung im internationalen System gegenwärtig nicht zu beobachten ist.

Aufstrebende Mächte im 21. Jahrhundert

Nach dem Zusammenbruch der Sowjetunion und dem Ende der bipolaren Konfrontation wurde viel darüber spekuliert, wie sich die internationale Politik entwickeln würde. Insbesondere dem Realismus zuzurechnende Politikwissenschaftler meinten, die unipolare Stellung, die die USA durch den Zusammenbruch der Sowjetunion erlangte, werde dazu führen, dass andere Staaten harte Gegenmachtbildung betreiben. Bislang lässt sich eine solche Entwicklung nicht beobachten.

Es ist historisch betrachtet ein Novum, dass ein Staat mit einer so herausragenden Machtfülle, wie sie die USA seit einigen Jahren besitzt, nicht mit starken Bestrebungen konfrontiert wird, seine Machtfülle auszugleichen bzw. zu nivellieren. Die folgenden Ausführungen konzentrieren sich auf China und Russland. Die EU wird nicht thematisiert, da es zwischen ihren Mitgliedsstaaten einen fundamentalen Dissens darüber gibt, wie das Verhältnis der Union zu den USA sein soll. Während einige Staaten (z. B. Frankreich) durchaus weiche Gegenmachtbildung gegenüber den USA betreiben wollen, begrüßen andere (z. B. Polen) die amerikanische Hegemonie über Europa. Deutschland wiederum ist sich über seine Haltung in dieser Frage nicht klar. Mal tendiert es zu weicher Gegenmachtbildung (wie im Falle des Irak-Krieges 2003), mal zur Gefolgschaft gegenüber dem amerikanischen Hegemon (wie im Falle TTIP).

Weder China noch Russland, die beiden größten Konkurrenten der USA auf der globalen Ebene, unternehmen im militärischen Bereich Anstrengungen, das amerikanische Machtpotenzial auszubalancieren. Militärisch und ökono misch betrachtet reichen weder die russischen[26] noch die chinesischen Machtpotenziale an die amerikanischen heran.[27] Jeder Versuch, auch nur annähernd den Ausrüstungs- und Ausbildungszustand der US-Streitkräfte zu erreichen, würde so viele finanzielle Ressourcen binden, dass der ökonomische Wohlstand beider Gesellschaften gefährdet wäre. Beide Länder würden riskieren, dass sie, um den deutschen Altkanzler Helmut Schmidt zu paraphrasieren, zu einem Lesotho mit Nuklearwaffen degenerieren. Obgleich es sich bei Russland und China um autoritäre politische Systeme handelt, ist nicht anzunehmen, dass eine solch massive Umverteilung der Ressourcen ohne Auswirkung auf die innenpolitische Stabilität bleiben würde. Und da die soziale Balance sowohl in China als auch in Russland prekär ist, wie in den letzten Jahren immer wieder deutlich wurde, ist die politische Führung in beiden Staaten gut beraten, solche Anstrengungen auch zukünftig zu unterlassen.

Eine zusätzliche Erklärung, warum weder Russland noch China massive Rüstungsanstrengungen in die Wege leiten, um das Machtpotenzial der USA global auszubalancieren, liegt darin, dass die USA für beide Staaten keine existenzielle Bedrohung darstellen. Weder ist nach dem Ende des Ost-West-Konflikts die territoriale Sicherheit Russlands noch die Chinas durch die US-Politik bedroht. Somit steht das physische Überleben beider Staaten nicht auf dem Spiel.[28] Dies liegt nicht zuletzt daran, dass sowohl China als auch Russland über ein ausreichend großes Nuklearwaffenarsenal verfügen, in dessen Modernisierung viel Geld fließt, mit dem sie die USA von einem umfassenden konventionellen oder nuklearen Angriff abschrecken. Auch die jüngst erschienene russische Militärstrategie ändert an diesem Befund wenig. Sie bezeichnet die NATO – aus russischer Sicht sind damit vor allem die USA gemeint – neben dem islamistischen Terrorismus als die größte Bedrohung für Russlands Sicherheit. Damit ist jedoch nicht die direkte territoriale Bedrohung, sondern die Bedrohung russischer

Interessen im unmittelbaren geopolitischen Vorfeld gemeint. Indizien einer Trendwende sind sichtbar. Während Russland bei Rüstungsvorhaben auf spezielle Technologien und Fähigkeiten (Hyperschallraketen) setzt, versucht China vor allem seine maritimen Fähigkeiten zur globalen Interessenswahrung einzusetzen. So stellte China seit 2018 zwei Flugzeugträger und über 20 Zerstörer und Fregatten in Dienst.

Paradoxerweise teilen sowohl Russland als auch China, die sich selbst als treibende Kräfte für ein multipolares internationales System sehen, sogar etliche Bedrohungs- und Risikowahrnehmungen mit den Vereinigten Staaten. Denkt man an failing states, Piraterie oder fundamentalistischen Terrorismus, so herrscht zwischen Peking, Moskau und Washington Einmütigkeit hinsichtlich der Notwendigkeit, diese Phänomene der Instabilität zu bekämpfen. Das bedeutet nicht, dass dies gemeinsames Handeln nach sich zieht, aber die Vergangenheit hat gezeigt, dass dies durchaus erfolgen kann. Oftmals hingegen betätigen sich Russland und China eher als Trittbrettfahrer, die darauf vertrauen, dass sich die USA solcher Probleme schon annehmen werden. Denn letzten Endes birgt die amerikanische Selbstwahrnehmung, Hüterin der liberalen Weltordnung zu sein, ein janusköpfiges Element. Dort, wo die USA als Wächterin der von ihnen geschaffenen Weltordnung auftreten, stoßen sie auf Widerstand bei ihren Hauptrivalen, die – wie noch zu zeigen sein wird – zwar kein kohärentes Gegenmodell einer «neuen» Weltordnung haben, die Konturen der liberalen jedoch dezidiert ablehnen. Da die USA aber weiterhin ihr globales Engagement aktiv betreiben und sich, wenngleich selektiv und oftmals mit eher kontraproduktiven Folgen für Sicherheit und Stabilität, globaler Probleme annehmen, erlauben sie es Russland und China, weniger Verantwortung auf der internationalen Bühne zu übernehmen und sich auf ihren eigenen Aufstieg zu konzentrieren. Zugleich ist jedes Scheitern des amerikanischen Engagements in internationalen Konflikten für Russland oder China eine

Bestätigung ihrer Wahrnehmung, dass sich das amerikanische Jahrhundert unweigerlich dem Ende zuneigt. Allerdings lässt sich zwischen dem chinesischen und dem russischen Verhalten ein gravierender Unterschied feststellen. Während Russland noch immer bestrebt ist, von den USA als Partner auf Augenhöhe wahrgenommen und auch so behandelt zu werden, verfolgt die chinesische Staatsführung solche Ambitionen nicht.

Es gibt gegenwärtig weder für China oder Russland noch für einen anderen Staat eine Motivation, harte Gegenmachtbildung gegen die Vereinigten Staaten zu betreiben.[29] Dies bedeutet keinesfalls, dass die Politik der USA auf allseitige Zustimmung stößt und man den Einfluss der Vereinigten Staaten auf die internationale Politik des 21. Jahrhunderts nicht geschwächt sehen möchte, aber es bedeutet doch, dass von Versuchen, mit den USA gleichzuziehen, die immens kostspielig wären, abgesehen wird. Für China scheint somit zu gelten, dass es sich angesichts der überragenden militärischen Potenziale der USA darauf verlegt hat, seinen Aufstieg nach dem Motto Deng Xiaopings zu vollziehen. Dieser soll einmal gesagt haben, dass China seine «Machtpotenziale verstecken» und damit Zeit für seinen Aufstieg «kaufen» sollte. Aaron Friedberg, einer der führenden amerikanischen Asien-Experten, hat Chinas Strategie seit Beginn der 1980er Jahre mit dem Dreiklang beschrieben: «Vermeide Konfrontation, stelle umfassende Machtpotenziale her und strebe Fortschritt Schritt für Schritt an».[30] Russland verhält sich graduell anders und scheut nicht davor zurück, seine Militärpotenziale offensiv zu zeigen und zum Einsatz zu bringen. Allerdings sollte hinzugefügt werden, dass Russland und China diesen globalen Wettbewerb mit den USA mit unterschiedlichen Voraussetzungen führen. Während es sich bei China ökonomisch um eine aufsteigende Großmacht handelt, befindet sich die Russische Föderation im Abstieg. Bis 2050, so wird prognostiziert, könnte die russische Bevölkerung von gegenwärtig 140 Millionen auf 107 Millionen schrumpfen,[31] und ökonomisch ist die russische Wirtschaft von einem hohen Ölpreis abhängig. Sollte dieser, wie es gegenwärtig nicht der Fall ist, niedrig sein, so fehlen dem russischen Staat die entsprechenden Finanzmittel, um seine ökonomische Modernisierung voranzutreiben.

Dass Russland und China auf harte militärische Gegenmachtbildung auf der globalen Ebene verzichten, heißt jedoch nicht, dass sie dies auch in ihrem unmittelbaren geopolitischen Vorfeld tun. Beide Staaten streben nach regionaler Hegemonie. Dabei machen sie aus ihren revisionistischen Ambitionen keinen Hehl. Seitens Russlands wird die Freiheit von Gesellschaften, ihre politischen Systeme und vor allem ihre außenpolitische Orientierung selbst zu bestimmen, unverhohlen infrage gestellt und die chinesische Staatsführung stellt seit geraumer Zeit den territorialen Status quo in Asien zur Disposition. Es gibt kaum einen asiatischen Staat, mit dem China keinen territorialen Disput hat. Einige dieser Konflikte (wie z.B. der Senkaku/Diaoyu-Inselstreit mit Japan oder der Streit mit den Philippinen und Vietnam um Gebiete im Südchinesischen Meer) haben in der jüngsten Vergangenheit oftmals zu Situationen geführt, die leicht hätten eskalieren können. Auch wenn man ausschließen kann, dass China oder seine Nachbarn irgendwelche Gelüste auf kriegerische Auseinandersetzungen verspüren, so könnten solche Spannungen durchaus zu militärischen Konflikten führen, die durch unachtsame Maßnahmen der einen oder anderen Seite ausgelöst werden. Solche «unbeabsichtigten» oder «zufälligen» Kriege könnten unabsehbare Folgen für die Stabilität Asiens haben.

Im unmittelbaren russischen Umfeld ist die Situation auf den ersten Blick nicht ganz so konflikthaft wie in Asien. Dies bedeutet nicht, dass es keine territorialen Streitigkeiten gibt. Aber die Strategie der Putin-Administration im Umgang mit diesen unterscheidet sich von der Pekings. Russland setzt auf indirekte Imperienbildung und frozen conflicts. Es versucht seinen Einfluss über die Unterstützung russlandfreundlicher

Staatsoberhäupter oder politischer Bewegungen in seinen Nachbarstaaten zu stärken. Auch die Schaffung ökonomischer Abhängigkeiten gehört zum russischen Arsenal der stillen Imperienbildung. Die Annexion der Krim sowie das militärische Engagement Russlands in der Ostukraine sind einerseits durch den spezifischen Konflikt Russlands mit der Ukraine zu erklären. Andererseits soll davon auch ein Signal an andere Nachbarn Russlands ausgehen, dass die Russische Föderation es sich vorbehält, sich in die inneren Angelegenheiten ihrer Nachbarn einzumischen (notfalls militärisch), wenn der geopolitische Status quo infrage gestellt wird. Und zuletzt ist das russische Vorgehen ein Signal an die USA, russische Sicherheitsinteressen in seinem unmittelbaren geopolitischen Vorfeld zu respektieren.

Aus Sicht Pekings und Moskaus sind die Vereinigten Staaten aufgrund ihrer politischen wie militärischen Präsenz in beiden Regionen das größte Hindernis, um die eigenen hegemonialen Ambitionen zu verwirklichen. Da jedoch alle Bemühungen, eine militärische Balance gegenüber den USA herzustellen, aussichtslos sind, entwickeln beide in zunehmendem Maße militärische Systeme, die die Bewegungsfreiheit anderer Staaten in ihrer Region einschränken sollen. Dadurch sollen die USA auf Abstand gehalten und die eigene Bewegungsfreiheit erhöht werden. China ist heute durch die Entwicklung sogenannter «anti-access»- oder «area denial»-Systeme[32] in der Lage, amerikanische Machtprojektion zur See und in der Luft in Asien erheblich zu behindern.[33] Die Modernisierung der russischen Streitkräfte, die seit einigen Jahren für den Kreml Priorität hat, sowie der 2015 durch Präsident Putin verkündete Austausch aller russischen Nuklearwaffen zielen darauf ab, die NATO (im russischen Verständnis sind das die USA) von einem weiteren Vordringen an die russische Grenze abzuhalten. Hyperschall-Raketensysteme sollen zudem die militärische Unterlegenheit in anderen Bereichen kompensieren.

In Asien ist bereits heute absehbar, dass, sollte China seine hegemonialen Ambitionen allzu offen und allzu aggressiv verfolgen, Staaten wie Australien, Japan und Indien mit «harter» Gegenmachtbildung reagieren werden. Ob diese ausreichen wird, Chinas möglichen Griff nach der Hegemonie zu verhindern, lässt sich heutzutage noch nicht absehen. In Eurasien hingegen droht ein Rückfall in die Zeiten des Ost-West-Konflikts, der sich in Ansätzen bereits heute beobachten lässt. Auf russische Aggression reagiert die NATO mit militärischer Gegenmachtbildung, die wiederum die Russische Föderation dazu veranlasst, militärische Gegenmaßnahmen zu ergreifen. Auch wird von beiden Seiten die nukleare Komponente als essenzieller Bestandteil jeder Abschreckung ins Spiel gebracht. Es gibt von keiner Seite ein Interesse an einem nuklearen Schlagabtausch, den weder die USA noch die Russische Föderation gewinnen könnten, aber die Eskalationsspirale zwischen Russland und der NATO dreht sich inzwischen deutlich schneller. Regional könnte es daher, anders als auf der globalen Ebene, zukünftig durchaus zu einer verschärften Konfrontation zwischen den Großmächten kommen.

Harte, militärische Gegenmachtbildung lässt sich gegenwärtig und auch in absehbarer Zukunft nur regional feststellen, nicht auf globaler Ebene. Es gibt aber vielfältige Formen des weichen Widerstands gegen die amerikanische Vorherrschaft im internationalen System. Diese weicheren Formen lassen sich nicht quantifizieren, nicht zählen, wiegen und messen, wie dies bei einer militärischen Aufrüstung der Fall wäre. Im Gegenteil: Weiche Formen des Widerstands sind in doppelter Hinsicht schwer zu fassen. Zum einen, weil die hinter ihnen stehenden Interessen nicht immer eindeutig zu bestimmen sind, zum anderen, weil sie immer in zwei Richtungen interpretierbar sind: als Versuche, die amerikanische Vorherrschaft infrage zu stellen und als Versuche, reale Defizite in der Architektur der internationalen Politik zu korrigieren. Die weichen Formen des Widerstands gegen die amerikanische Übermacht tragen dazu bei, dass sich die Großmächte (gegenwärtige und potenzielle) nicht als Manager des internationalen Systems verstehen. Denn solange das internationale System nicht ihren macht- und ordnungspolitischen Vorstellungen entspricht oder sich diesen annähert, solange gibt es für sie nur wenig Anreize zur dauerhaften Kooperation mit dem Staat, dessen herausgehobene Machtposition sie nivellieren wollen.

Weicher Widerstand gegen die Vorherrschaft der USA lässt sich in unterschiedlichen Formen beobachten. Eine Variante besteht darin, die unipolare Struktur des internationalen Systems als illegitim zu brandmarken. Sowohl die Russische Föderation als auch die Volksrepublik China lassen keine Gelegenheit dazu ungenutzt verstreichen. Unipolarität würde die Unterschiedlichkeit von Zivilisationen bedrohen, sagte 2001 der damalige chinesische Vizepräsident Hu anlässlich eines Besuchs in Paris.[34] Wladimir Putin äußerte bereits 2003 seine Überzeugung, dass nur eine multipolare Welt «vorhersagbar und stabil» sei.[35] Dies sind nur zwei von unzähligen Aussagen,[36] nicht nur chinesischer und russischer, sondern auch indischer, brasilianischer, französischer und deutscher Politiker, die zeigen, dass die amerikanische Unipolarität als eine Bedrohung oder, euphemistischer ausgedrückt, als ein Problem für die internationale Stabilität wahrgenommen wird. Dahinter steckt aber im Kern die Vorstellung, dass die Machtfülle der USA ein Problem für die Souveränität und die Autonomie aufsteigender Großmächte darstellt. Es geht somit eigentlich um die eigene Bewegungs- und Handlungsfreiheit und nicht um eine abstrakte Vorstellung von internationaler Stabilität. Da eine militärische Gegenmachtbildung aus unterschiedlichen Gründen für all die Staaten, die sich von der amerikanischen Machtfülle bedroht sehen, nicht infrage kommt, rückt die Delegitimierung des Handelns der USA in den Vordergrund. Diese Strategie zielt primär darauf ab, amerikanisches Handeln in den Augen anderer Staaten, aber vor allem der «Weltöffentlichkeit» als illegitim zu diskreditieren, um so ein Klima zu erzeugen, das weiche Formen des Widerstands gegen die amerikanische Vorherrschaft im internationalen System legitimiert und auf lange Sicht die Vereinigten Staaten als selbsternannte Weltordnungsmacht zunehmend isoliert.

Daneben gibt es aber auch Versuche, Alternativen zu den durch die USA als globale Güter und den Westen dominierten bestehenden Institutionen zu schaffen. Im Zentrum dieser Versuche, die sich sowohl auf den ökonomischen wie auch auf den politischen Sektor beziehen, stehen die BRICS-Staaten mit China als ihrem Motor. Es verwundert nicht, dass es der Bereich der Weltwirtschaft ist, in dem sie die größten Aktivitäten entfalten, nehmen sie doch zu Recht wahr, dass die Schwächung der westlichen Volkswirtschaften durch die globale Finanzkrise 2008 sowie die Euro-Krise ihnen auf diesem Feld die größten Handlungsspielräume eröffnet. So fand das erste Gipfeltreffen der BRICS-Außenminister 2008 in New York statt, bei dem diese das Ziel vereinbarten, gemeinsame Positionen hinsichtlich «bedeutender globaler Entwicklungen, insbesondere im Weltwirtschaftsbereich»[37] anzustreben. In der Folgezeit entwickelten die BRICS-Staaten vielfältige Aktivitäten auf verschiedenen Sektoren (Gesundheitspolitik, Finanzen, Außenpolitik) und werden immer stärker als eine institutionelle Alternative wahrgenommen. Den bisherigen Höhepunkt dieser Entwicklung stellt sicherlich die Gründung der Asiatischen Infrastrukturinvestment Bank (AIIB) im Jahre 2015 dar, die einige Beobachter als potenzielle Gegenspielerin der von den USA dominierten Weltbank sehen. Besonders interessant erscheint in diesem Zusammenhang, dass Großbritannien, Frankreich, die Bundesrepublik Deutschland sowie Italien zu den Gründungsstaaten gehören. Dies kann durchaus als ein Indiz dafür gesehen werden, dass sich europäische Staaten finanzpolitisch ein Stück weit von den USA emanzipieren wollen und die Zukunft finanz- und währungspolitischer Stabilität eher in China und Asien sehen als bei der amerikanischen Notenbank.[38] Seitens der Vereinigten Staaten ist das primär chinesische Projekt mit Argwohn betrachtet und als Versuch interpretiert worden, die führende finanzpolitische Rolle der USA zu unterminieren. Der ehemalige US-Finanzminister Lawrence Summers bezeichnete die Gründung der AIIB gar als jenen Augenblick, «in dem die Vereinigten Staaten ihre Rolle als Garant des Weltwirtschaftssystems verloren».[39]

Zuletzt sei noch ein Bereich erwähnt, in dem seit einigen Jahren ein subtiler Streit zwischen dem «Westen» und den aufstrebenden Staaten teils erbittert geführt wird und der für die zukünftigen Spielregeln der internationalen Beziehungen im 21. Jahrhundert von besonderer Bedeutung ist. Die Rede ist von der Norm der Souveränität. In der Politikwissenschaft wird unter einer Norm eine kollektive Erwartung hinsichtlich des Verhaltens von Staaten untereinander verstanden.[40] Seit dem Westfälischen Frieden von 1648 gilt die Nichteinmischung in die inneren Angelegenheiten eines Staates als eine der wichtigsten Normen der internationalen Beziehungen. Formal zumindest. Informell haben sich Staaten (zumeist die Mächtigen) immer wieder politisch, ökonomisch und auch militärisch in die inneren Angelegenheiten anderer Staaten eingemischt. Nach dem Ende des Ost-West-Konfliktes sind westliche Staaten jedoch sukzessive dazu übergegangen, die Norm der Souveränität aufzuweichen. Zunächst über das völkerrechtliche Konstrukt der humanitären Intervention, die es ihnen erlaubt hat, in innerstaatliche Konflikte über die Responsibility to Protect (R2P) einzugreifen. Darin schreibt sich die internationale Staatengesellschaft eine subsidiäre Schutzverantwortung für den Fall zu, in dem Staaten nicht in der Lage oder willens sind, ihre Bevölkerung vor schweren Menschenrechtsverletzungen zu schützen. Im Vorfeld der Libyen-Operation nahm der Sicherheitsrat der Vereinten Nationen in den Resolutionen 1970 und 1973 Bezug auf den Teil von R2P, der sich mit der Verantwortung Libyens zum Schutz seiner Zivilbevölkerung beschäftigt, ließ aber offen, ob deshalb die Schutzverantwortung an die internationale Gemeinschaft übergegangen war und ob R2P die Grundlage für die in 1973 ergriffenen Maßnahmen (Einrichtung einer Flugverbotszone) darstellte. Sowohl China als auch Russland enthielten sich bei der Verabschiedung der Resolutionen der Stimme und machten damit den Weg frei für die militärische Intervention, die von einer Koalition der Willigen um Frankreich, Großbritannien und den USA angeführt wurde. Gleichzeitig aber kritisierten sie zusammen mit Indien und Brasilien die Einmischung der westlichen Staaten in die inneren Angelegenheiten Libyens. So paradox dieses Verhalten auf den ersten Blick erscheinen mag, so offenbart es doch ein grundlegend anderes Verständnis von der Norm der Souveränität. Für die BRICS-Staaten (aber auch für andere Staaten) stellt eine Aufweichung oder Uminterpretation der Souveränitätsnorm eine ernsthafte Bedrohung für ihre eigene Position im internationalen System dar. Denn angesichts der militärischen Überlegenheit des «Westens», allen voran der USA, müssen sie immer befürchten, dass sie eines Tages selbst zum Objekt der Einmischung in ihre inneren Angelegenheiten werden. Aus diesem Grund sind sich Russland, China, Indien, Südafrika und Brasilien darin einig, dass die Nichteinmischung in die inneren Angelegenheiten eines anderen Staates ein wesentlicher Bestandteil der von ihnen angestrebten neuen Weltordnung ist.[41]

Dieser Normkonflikt, der gegenwärtig zwischen dem «Westen» und den BRICS-Staaten existiert, ist neben der Tatsache, dass wir uns in einer machtpolitischen Übergangsphase befinden, ursächlich dafür, dass es keine gemeinsame Auffassung darüber gibt, welche Spielregeln für die internationale Politik des 21. Jahrhunderts gelten sollen. Wir leben in einer Zeit, in der über die zukünftige Weltordnung gestritten wird und in der eine Neuordnung des internationalen Systems nicht abzusehen ist. Daher fühlen sich weder die bestehenden noch die aufstrebenden Großmächte als «Manager» dieses Systems, die trotz diverser Konflikte untereinander ein gemeinsames Interesse an einem gewissen Grad von Stabilität haben. Damit sorgen Staaten wie die USA, China und Russland dafür, dass das gegenwärtige Chaos und die Unordnung im internationalen System uns auf absehbare Zeit erhalten bleiben.

Ad-hoc-Koalitionen als Alternative

Trotz gegensätzlicher Auffassungen über die zukünftige Ordnung des internationalen Systems und trotz zahlreicher Versuche, auf weichem Wege Gegenmachtbildung zu betreiben, kommt es doch auch immer wieder zu Kooperationen zwischen den gegenwärtigen und den aufstrebenden Großmächten – sei es im Bereich der militärischen Interventionen (Bosnien, Kosovo, Afghanistan), der diplomatischen Initiativen (Atomgespräche mit Iran, Friedensverhandlungen für Syrien, Anti-Piraterie-Mission am Horn von Afrika, nordkoreanisches Nuklearprogramm) oder aber auch auf Feldern wie der globalen Gesundheitspolitik. Diese Form von Ad-hoc-Kooperation wird das bestimmende Muster der Zusammenarbeit von Staaten im 21. Jahrhundert sein. Sie ist dadurch gekennzeichnet, dass sie außerhalb des existierenden institutionellen Gefüges stattfindet, das von den westlichen Staaten nach dem Ende des Zweiten Weltkrieges auf- und ausgebaut wurde. Zudem wird sie nicht oder nur geringfügig institutionalisiert und konzentriert sich ausschließlich auf ein bestimmtes Problemfeld.

Der Trend, dass sich Staaten immer häufiger weg von internationalen Organisationen und hin zu kaum institutionalisierten Methoden der Kooperation bewegen, in denen die Zusammenarbeit durch lockere Vereinbarungen, implizite Regeln sowie durch fehlende Sanktions- und Verifikationsmechanismen gekennzeichnet ist, wird in der Forschung zur EU als «open method of governance» bezeichnet, in der internationalen Politik als «Informalisierung»,[42] «counter-multilateralism»,[43] «Direktorate»[44] oder als «effektiver Multilateralismus».[45] So wenig Einigkeit in der Bezeichnung dieses Trends existiert, so dünn ist unser Wissen hinsichtlich der Frage, warum und wie es zu diesen Ad-hoc-Koalitionen kommt.

Seit dem Ende des Kalten Krieges beobachten wir einen «move from institutions».[46] Bestehende Organisationen werden schrittweise entwertet und neue Formen internationaler Kooperation werden erprobt. Diese neuen Formen reichen von Kontaktgruppen zur Lösung der regionalen Konflikte, informellen Friends-of-Gruppen im Rahmen der Vereinten Nationen über militärische «coalitions of the willing and able» bis hin zu der Etablierung alternativer Organisationen, wie der Impfallianz als Konkurrenz zur WHO. All diesen Formen ist gemein, dass sie in Sachbereichen initiiert werden, in denen es bereits Institutionen gibt, die eigentlich für die Übernahme bestimmter Aufgaben vorgesehen wären. Insbesondere im Bereich der Sicherheitspolitik kann man seit 9/11 den Trend zu Ad-hoc-Koalitionen beobachten. Die Sicherheitspolitik gehörte im 20. Jahrhundert, wenn es überhaupt zur Kooperation kam, zu den am stärksten verregelten Bereichen in der internationalen Politik. Denn die vielfältigen Möglichkeiten, sicherheitspolitische Verträge nicht einzuhalten oder Vertragsparteien zu täuschen, erfordern belastbare Verifikations- und Sanktionsmechanismen[47] und somit ein hohes Maß an Verregelung und Institutionalisierung.

Der Trend zum «neuen Multilateralismus» spricht dafür, dass eine kritische Menge von Staaten mit den bestehenden Institutionen und ihrer Arbeitsweise unzufrieden ist. So sehen die BRICS-Staaten in den Vereinten Nationen eine Institution, die primär westlichen Zielen dient und die in ihrer Struktur und ihren Verfahrensweisen ein Relikt des Ost-West-Konfliktes ist. Spiegelbildlich sehen die USA in derselben Institution, die sie ja maßgeblich mitbegründet haben, einen wesentlichen Hemmschuh für schnelles und effektives Handeln. So empfinden es die Vereinigten Staaten seit 1990 als zunehmend inakzeptabel, dass sie, die einzig übriggebliebene

Supermacht, noch immer durch die Regeln des Sicherheitsrates gebunden sind. Geht man auf die regionale Ebene her-
unter, so sind sich die führenden NATO-Staaten (USA,
Deutschland, Großbritannien und Frankreich) stillschweigend darin einig, dass militärisches Handeln in einer von 16
auf 28 Staaten angewachsenen Allianz, deren Abstimmungs-
procedere auf Einstimmigkeit beruht, zunehmend schwieriger
und auch – aufgrund der unterschiedlichen Sicherheitsbedro-
hungen, denen sich die einzelnen NATO-Staaten ausgesetzt
sehen – oftmals unmöglich geworden ist. Für die EU gilt nach
der Erweiterung Ähnliches. Die BRICS-Staaten sind unzufrieden mit der Struktur internationaler Finanzinstitutionen
und haben bis zur jüngsten Reform des IWF moniert, dass ihnen angesichts ihrer Bedeutung für die Weltwirtschaft nicht
der angemessene Status im Sinne größerer Mitspracherechte
gegeben wird. Mithin gibt es bei vielen regionalen und internationalen Organisationen aus der Sicht einiger ihrer Mitgliedsstaaten einen großen Reformbedarf.

Gibt es aber einen Reformstau, dann sind Ad-hoc-Koalitionen oder andere Formen der lockeren oder losen Kooperation
willkommene Alternativen, da sie mehr Mitsprachemöglich-
keiten bieten und gleichzeitig Reformdruck auf die etablierten
Institutionen aufbauen. Sollten Reformen jedoch ausbleiben,
dann bieten Ad-hoc-Koalitionen eine dauerhafte Alternative
des Handelns. Eine solche Entwicklung ließ sich bereits Mitte
der 1990er Jahre im Rahmen der NATO beobachten. Zwar
stimmten alle Mitgliedsstaaten einem militärischen Eingreifen
in Bosnien zu, aber nicht alle beteiligten sich an diesem. Auch
der Kosovo-Krieg wurde – unter dem Dach der NATO – von
einer Koalition der Willigen und Fähigen geführt. Politisch
suchte die sogenannte Balkan-Kontaktgruppe, der NATO-
Staaten und Russland angehörten, nach einer Lösung. Der
Einsatz in Libyen wurde von einer transatlantisch-arabischen
Koalition durchgeführt, die sicherlich die Bombardierung des
Landes auch dann fortgeführt hätte, wenn die NATO nicht ab

einem gewissen Zeitpunkt die Führung des Einsatzes übernommen hätte (nachdem Frankreich sich anfänglich dagegen
sperrte). Aber auch auf diplomatischer Ebene kann man die
Tendenz zur Bildung von Ad-hoc-Koalitionen beobachten,
so z. B. in den Sechsergesprächen mit Nordkorea oder bei den
EU-3-Verhandlungen mit Teheran. Auf der globalen Ebene
sollte die G-Diplomatie nicht unerwähnt bleiben. Sei es die
G7 (bzw. G8, solange Russland noch dabei war), die G20, die
G33, die G15, die G8+5. Es sind immer wieder die Staaten, die
sich besonders betroffen fühlen, die außerhalb der etablierten
Institutionen Kooperationen suchen, um regionale oder globale Probleme zu lösen. Der lockere, netzwerkartige und weniger verbindliche Charakter dieser Foren, die auf Selbstver-
pflichtung beruhen und die mit einem kleinen oder ganz ohne
organisatorischen Unterbau auskommen, ist es, der sie so at-
traktiv macht. Den Vorteil, den Staaten in einer solchen Kooperation sehen, hat John Bolton, der ehemalige Botschafter
der USA bei den Vereinten Nationen, einmal sehr griffig auf
den Punkt gebracht. Als er erklären musste, warum die USA
mit der Proliferation Security Initiative eine Alternative zu
dem Nichtverbreitungsregime der Vereinten Nationen für
Atomwaffen geschaffen haben, lautete seine Antwort: «Die
PSI ist eine Aktivität, keine Organisation. Es gibt kein Haupt-
quartier, keinen Generalsekretär, sie ist kein Plauderclub und
das Wichtigste von allen, es gibt kein russisches oder französi-
sches Veto.»[48] Präziser kann man die Vorteile, die Ad-hoc-
Koalitionen für die daran beteiligten Staaten haben, kaum zusammenfassen.

Man kann sicherlich berechtigte Kritik an diesen Ad-hoc-
Koalitionen üben. Sie sind in keiner Weise, außer durch die
Bereitschaft ihrer Mitglieder, in ihnen mitzuwirken, legitimiert. Sie beruhen auf Exklusivität. Sie entbehren oftmals jeglicher völkerrechtlichen Grundlage und sie bevorzugen die
mächtigen Staaten. Und sie sind, je größer sie sind (z. B. G20),
ähnlich ineffizient wie die etablierten Institutionen. Dem ge-

genüber steht aber, dass sie gegenwärtig, und wohl auch auf absehbare Zeit, die einzige Möglichkeit sind, überhaupt im Konzert der Mächte zu handeln. Sie schaffen keine dauerhafte Stabilität, sondern sind eher mit Feuerwehren zu vergleichen, die versuchen Brände zu löschen. Dass ihnen dies oftmals nicht gelingt, steht dabei auf einem anderen Blatt. In jedem Fall sind sie (insbesondere für mächtige Staaten) das bevorzugte Instrument des Handelns geworden. Daher ist es legitim anzunehmen, dass die internationale Politik im 21. Jahrhundert in vielen Sachbereichen (und in der Sicherheitspolitik) durch Ad-hoc-Koalitionen geprägt sein wird. Diese schaffen allerdings keine neue Ordnung, die langfristig und berechenbar wäre und mildern auch die in diesem Kapitel dargestellten Grundkonflikte nicht ab. Weder die bestehenden noch die aufsteigenden Großmächte verfügen über die Mittel, die bestehende Weltunordnung zu beseitigen. Wir können froh sein, wenn es ihnen gelingt, den neuen Herausforderungen, mit denen die internationale Politik im 21. Jahrhundert konfrontiert wird, so zu begegnen, dass es nicht noch zu größeren Verwerfungen kommt als ohnehin schon.

3. Neue Herausforderungen

Staatszerfall

> *«[S]o prekär staatliche Herrschaft in zahlreichen postkolonialen Regionen der Welt ist, so hartnäckig ist nichtsdestotrotz die Utopie des Staates, die mit dem Kolonialismus globalisiert worden ist».*[1]
> (Trutz von Trotha)

Devlet-i Ebed-müddet, lautete der Wahlspruch des Osmanischen Reiches, was so viel wie «Der Ewige Staat» bedeutet. Nicht nur in der Vorstellung von Suleyman I., unter dessen Herrschaft das Osmanische Reich seine territorial größte Ausdehnung erfuhr, war der Staat ein Abstraktum, das dauerhaft existierte – und zwar unabhängig von seiner Staatsbevölkerung. Diese Idee des ewigen Staates findet semantisch ihren Niederschlag in Formulierungen wie «die nationalen Interessen Deutschlands». Der «Staat als Abstraktum» (G. W. F. Hegel), als «Handlungssubjekt mit eigenem Willen» (Reinhard Koselleck) ist eine europäische Idee, deren philosophische Verfechter Denker wie Machiavelli, Bodin und Hobbes waren. Durch den europäischen Imperialismus wurde die Idee des Staates in außereuropäische Regionen (insbesondere nach Afrika, Asien sowie den Mittleren und Nahen Osten) exportiert. Mit der Dekolonialisierung, die sich im 20. Jahrhundert in mehreren Wellen vollzog, setzte sich der Staat als die vermeintlich beste Form der Selbstorganisation von Gesellschaften global durch. Fortan galt die Einheit von Staatsvolk, Staatsgebiet und Staatsgewalt sowie die Souveränität und Gleichberechtigung aller Staaten international.[2] Der Siegeszug des Staates als «höchste» gesellschaftliche Organisationsform dauerte lange und lief nicht ohne Probleme ab.[3] Immer wieder gab es Situationen, in denen Staaten nicht überlebten, zumeist weil sie von anderen Staaten annektiert wurden oder zerfielen. Doch dieses Phänomen häuft sich seit den 90er Jahren zusehends. Als problematisch wird es von Seiten der internationalen Gemeinschaft deshalb erachtet, weil durch Staatszerfall eine der wesentlichen Säulen der internationalen Beziehungen möglicherweise erodiert – nämlich der Staat als zentrale Einheit der internationalen Politik.

Das Phänomen des Staatszerfalls und der fragilen Staatlichkeit erlebte in den 90er Jahren einen politischen und akademischen Boom. Da man von zerfallenden oder fragilen Staaten eine wachsende Anzahl von Risiken für die internationale Sicherheit erwartete (Migration, Terrorismus), galt die besondere Aufmerksamkeit dabei der Frage, wie fragile Staaten zu stabilisieren seien und wie aus zerfallenden wieder «normale» Staaten werden könnten. Doch betrachten wir zunächst einmal den Befund. Die Karte zeigt die Ergebnisse von 2021 des Indexes fragiler Staaten, der jährlich vom Fund for Peace, einem unabhängigen US Think Tank, veröffentlicht wird.

Der empirische Befund ist erschütternd. Von den 179 Staaten, die untersucht wurden, sind laut Fund for Peace drei Staaten nahezu vollständig zerfallen, 6 Staaten akut vom Zerfall bedroht, in 21 Staaten gibt es höchst alarmierende Tendenzen des Staatszerfalls, für 26 Staaten ist eine erhöhte Warnstufe zu vermelden und für 61 Staaten wird eine Warnung ausgesprochen. In 117 von 179 beobachteten Staaten vermeldet der Fund somit Tendenzen akuten oder gar vollständigen Staatszerfalls. 65,4 % der Staaten dieser Untersuchung sind also fragil oder zerfallen.[4]

Wenn man sich die geographische Verteilung der bereits zerfallenen oder im Zerfall befindlichen Staaten ansieht, dann fällt sofort ins Auge, dass die Mehrzahl in Afrika, im Mittleren und Nahen Osten sowie in Asien liegt. Und diese Tatsache

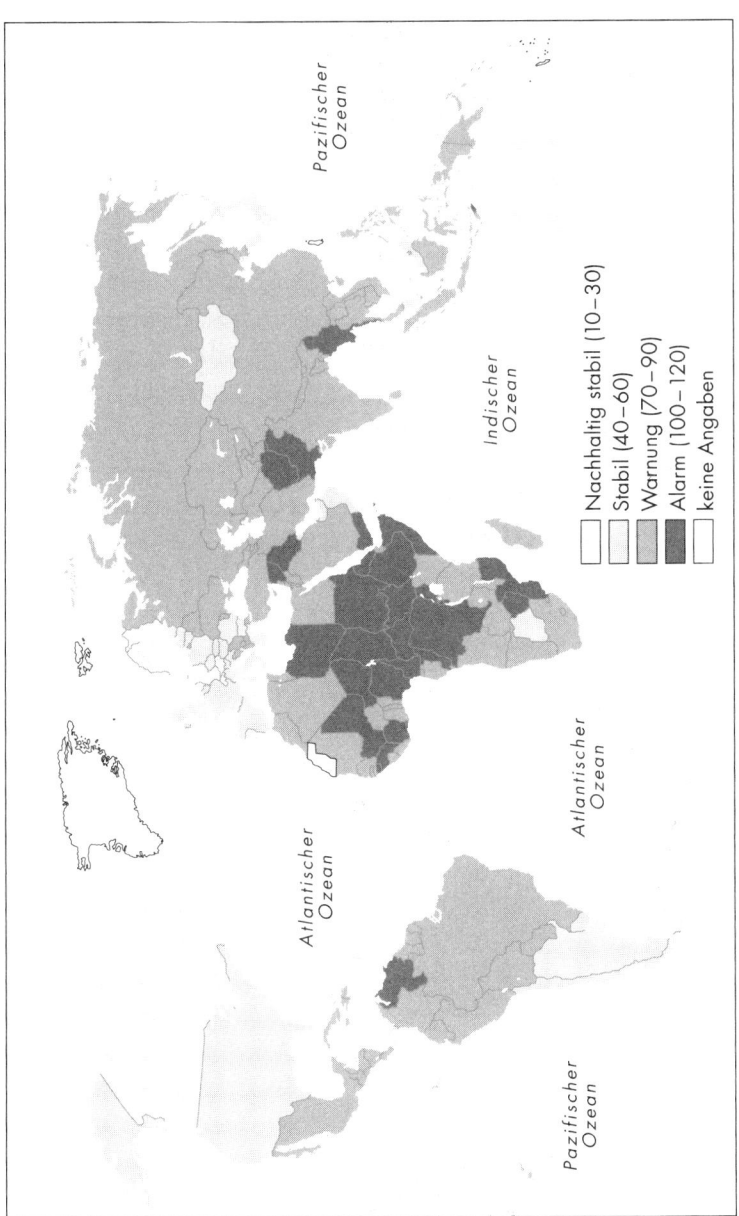

Karte 1: Fragile Staaten.

sollte zum Nachdenken anregen. Denn wenn wir uns die Definition fragiler oder zerfallender Staaten vor Augen halten, die im Kern darauf abzielt, dass der Staat seine Bürger nicht mehr mit den Basisfunktionen bedienen kann, dann stellen wir fest, dass ihr ein westliches Staatsverständnis vorausgeht. Die Welt wird also daran gemessen, wie der Westen sich Staaten vorstellt und wie westliche Staaten zumeist auch funktionieren. Inwiefern dies aber dem Staatsverständnis von Staaten in Afrika, dem Mittleren und Nahen Osten oder Asien entspricht, wird dabei außen vor gelassen. Auch wird in diesen Messungen ignoriert, ob die Staaten, die untersucht werden, überhaupt jemals Staaten im westlichen Verständnis waren. Denn es ist ja nur dort sinnvoll, von fragiler oder zerfallender Staatlichkeit zu reden, wo es Staaten gegeben hat, die die Kriterien von Staatlichkeit, wie sie im Fund for Peace Index angelegt werden, zu irgendeinem Zeitpunkt ihrer Existenz auch erfüllt haben. Dieses Argument hat nichts mit kulturellem Relativismus zu tun und zielt auch nicht darauf ab, Verständnis für schlechte Regierungsführung zu wecken. Es soll nur auf die eklatante Verzerrung aufmerksam machen, unter der das Thema diskutiert wird. Die Folie ist eine Idealvorstellung von OECD-Staatlichkeit, die, so wird auch in dem Index deutlich, einige OECD-Staaten selbst nicht erfüllen. Wenn aber von 179 Staaten des Index mehr als 50% gefährdet sind (diejenigen, für die der Fund for Peace eine «leichte Warnung» ausspricht, sind dabei noch gar nicht enthalten), dann stellen sich doch Zweifel darüber ein, wie aussagekräftig die durchgeführte Messung noch ist.

Man könnte diese Ausführungen als rein akademische Glasperlenspiele abtun, wenn die Frage fragiler oder versagender Staatlichkeit nicht so großen politischen Einfluss hätte. Denn die politischen Akteure des Westens machen sich Gedanken darüber, wie sie zur Wiederherstellung von Staatlichkeit in diesen Gebieten beitragen können. Die Versuche sind Legion. Sie reichen von militärischen Interventionen mit anschließendem zivilen Staatsaufbau, der Vergabe von Krediten, wenn bestimmte politische Forderungen erfüllt werden, bis hin zur Sanktionierung von Fehlverhalten bestimmter Regierungen. In den allermeisten Fällen ohne mess- und erkennbaren Erfolg. Der Grund hierfür wurde bereits angedeutet. In vielen Staaten, die als im Zerfall befindlich verstanden werden, gibt es keine Tradition westlich verstandener Staatlichkeit. Vielmehr wird dort der Staat als Beute bestimmter Gruppen (politischer, sozialer oder ethnischer) begriffen. Einmal an der Macht, geht es darum, die Gefolgsleute «zu versorgen»; und das Mittel hierzu ist eine klientilistische Politik, die durch die Verteilung von Ressourcen Zustimmung und Zuspruch und letzten Endes Machterhalt garantieren soll.[5] Das Wohl der gesamten Bevölkerung steht dabei in der Regel hintan bzw. spielt gar keine Rolle. Einige Länder sind nie Staaten im westlichen Sinne gewesen, sondern immer – auch nach ihrer Staatswerdung – tribalistische Gesellschaften[6] geblieben (z.B. Afghanistan, Yemen, Saudi-Arabien). Und zuletzt muss auf das Faktum hingewiesen werden, dass die durch die Kolonialmächte und ihre willkürlichen Grenzziehungen geschaffenen afrikanischen sowie mittel- und nahöstlichen Kunstgebilde nie zu Nationalstaaten in dem Sinne geworden sind, dass sich die in diesen Grenzen lebenden Menschen als Teil einer Gemeinschaft verstanden. Oftmals zerschnitten die Grenzen sogar traditionelle Verbindungen ethnischer Gruppierungen und erschwerten ihnen den Kontakt untereinander. Gruppen, die vorher auf einem nicht spezifizierten Territorium zusammenlebten, fanden sich nunmehr als Minderheiten in zwei oder mehr Staaten wieder (wie z.B. die Tuareg, die Kurden oder die Paschtunen). Als solche waren sie oftmals Repressionen ausgesetzt und wurden sowohl von der ökonomischen wie auch politischen Teilhabe ausgegrenzt. Oftmals wurde und wird ihnen auch jedes Maß an kultureller Autonomie verwehrt. Somit schufen die Kolonialmächte durch ihre Politik Staaten, die im 20. Jahrhundert in die Unabhängigkeit entlassen wurden, jedoch nie

den Prozess der klassisch westlichen Nationswerdung durch-
liefen. Sie bleiben bis auf den heutigen Tag ethnisch zerklüftete
Gesellschaften, in denen der Staat von großen Teilen der Bevölkerung als Bedrohung ihrer Identität wahrgenommen wird.

Während des Ost-West-Konflikts stellte dies nur bedingt
ein Problem dar, da beide Supermächte ihnen genehme Regierungen in Afrika sowie dem Mittleren und Nahen Osten mit
großem finanziellen, politischen und militärischen Aufwand
stützten. Zudem wurden die inneren Konflikte dieser Länder
durch die globale Auseinandersetzung überlagert. Nachdem
die Klammer, die sowohl die UdSSR als auch die USA (und
ihre jeweiligen Verbündeten) um diese Staaten gebildet hatten,
mit dem Zusammenbruch der Sowjetunion wegfiel, brachen
viele dieser schwelenden Konflikte offen aus und konnten von
außen nicht mehr reguliert werden. Auf dem Balkan, im Kau-
kasus und in Afrika südlich der Sahara entstanden sezessionistische Bestrebungen, denen es nicht mehr darum ging, die politische Macht in einem bestimmten Staat zu erlangen, sondern
Territorium in einem Staat (und manchmal auch staatsüber-
greifend) zu erobern, um dort einen neuen Staat für eine bestimmte Ethnie zu errichten. Die Folge war und ist die territoriale Neuordnung in diesen Regionen. Staaten, wie sie die
internationale Gemeinschaft bis dato kannte, hörten auf zu
existieren. Dabei musste es nicht zwangsläufig zur Gründung
neuer Staaten kommen, die auch völkerrechtlich anerkannt
wurden. Dies war auf dem Balkan der Fall und 2011 im Sudan.
Aber immer mehr Länder in Afrika zeichnen sich heute dadurch aus, dass auf ihrem Territorium mindestens zwei Staaten existieren. Der offiziell anerkannte Staat und ein Territorium innerhalb seiner Grenzen, das von einer bestimmten
Ethnie kontrolliert und verwaltet wird. Mithin beobachten
wir in Afrika, wie wir es auf dem Balkan und beim Auseinan-
derbrechen der UdSSR erlebt haben, eine territoriale Neuordnung im internationalen System. Die Einheiten des internationalen Systems, die Staaten, werden immer kleiner

(territorial betrachtet) und homogener (ethnisch betrachtet). Zugleich scheiden immer mehr Staaten, so wie sie ursprünglich völkerrechtlich anerkannt wurden, als Akteure im internationalen System aus, da ihnen die Fähigkeit abhandengekommen ist, für ihre Staatsbevölkerung und für das gesamte Staatsgebiet zu sprechen und zu handeln.

Spätestens mit dem «arabischen Frühling», der zur Enttäuschung vieler recht schnell in einen arabischen Winter umgeschlagen ist, vollzog sich im Mittleren und Nahen Osten eine ähnliche Entwicklung. Schon zuvor war der Irak nach der amerikanischen Invasion zerfallen. Infolge der «Arabellion» breitete sich der Staatszerfall über Libyen, den Jemen bis hin nach Ägypten (Sinai) und Syrien aus, und es ist nicht auszuschließen, dass auch andere Staaten in der Region von diesem Trend ergriffen werden. Lange Zeit wurde der Schlachtruf des Islamischen Staates nicht ernst genommen, wonach die Eroberung von Teilen des Iraks und Teilen Syriens als das Ende der Sykes-Picot-Ordnung galt, jener Aufteilung der Region, die durch England und Frankreich am Ende des Ersten Weltkriegs vorgenommen worden war und die in der arabischen Welt als Synonym für die kolonialen Grenzziehungen gilt.[7] Doch die zunehmend größer werdende Anzahl von Akteuren in der Region, die das traditionelle Staatensystem der arabischen Welt in Frage stellen, macht deutlich, dass wir in dieser Weltgegend das endgültige Ende der kolonialen Ordnung des 18. und 19. Jahrhunderts live miterleben.[8] Und dies vollzieht sich nicht friedlich, sondern ist begleitet von einem neuen 30-jährigen Krieg.

Eine Region, die aus deutscher Sicht nur unzureichend Berücksichtigung erfährt, vom Staatsversagen aber genauso stark betroffen ist wie Afrika oder der Mittlere und Nahe Osten, ist Süd- und Mittelamerika. Hier sind es insbesondere die klientelistische Politik vieler Regierungen sowie die Aktivitäten der Organisierten Kriminalität, die in den vergangenen 20 Jahren dazu geführt haben, dass Staatlichkeit vielerorts dysfunk-

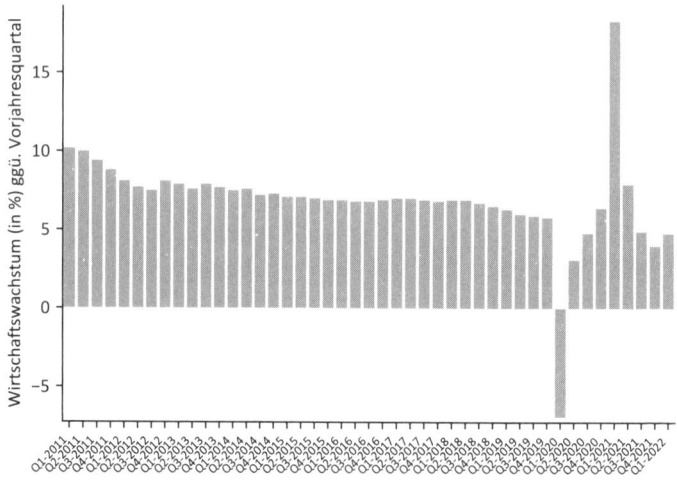

Graphik 7: China stürzt ab.

tional geworden ist. Sei es in Venezuela, wo man inzwischen mit einigem Recht davon sprechen kann, dass der Staat selbst die Organisierte Kriminalität ist, sei es in Mexiko, wo Kartelle Territorien mittels gut ausgerüsteter Privatarmeen halten und innerhalb dieser Territorien staatsähnliche Aufgaben erfüllen, oder sei es in Guatemala, wo die Reichweite staatlicher Autorität kaum über die Hauptstadt hinausreicht. Anders als in Afrika oder dem Mittleren und Nahen Osten geht es in Süd- und Mittelamerika nicht um eine territoriale Neuordnung, jedoch darf nicht übersehen werden, dass der Staat als ordnungsstiftende Instanz vielerorts keine zentrale Rolle mehr spielt.

In Asien ist der Trend zum Staatszerfall gegenwärtig nur geringfügig ausgeprägt. Zwar gibt es auch hier eine Reihe von Territorien innerhalb existierender Staaten, die von der Zentralregierung nicht mehr kontrolliert werden (in Indien, auf den Philippinen, in Indonesien), und es gibt eine Reihe von Unabhängigkeits- oder Autonomiebestrebungen (z. B. Uiguren in China), jedoch sind wir noch weit entfernt von einer territorialen Neuordnung des asiatischen Kontinents. Dies bedeutet jedoch keineswegs, dass sich in dieser Region nicht eine ähnliche Entwicklung wie im Mittleren und Nahen Osten oder in Afrika vollziehen kann. Zum gegenwärtigen Zeitpunkt ist jedoch das Albtraumszenario eines im- oder explodierenden Chinas eines, welches uns am meisten Sorgen bereiten sollte. 2013 betonte der chinesische Ministerpräsident Li Keqiang in einem seltenen Moment der Offenheit, dass China ein jährliches Wirtschaftswachstum von mindestens 7,2 % brauchen würde, um in den Städten die Arbeitslosigkeit bei 4 % zu halten. Ein solches Wirtschaftswachstum würde es der chinesischen Staats- und Regierungsführung ermöglichen, ca. 10 Millionen Jobs jährlich zu schaffen.[9] Graphik 7 zeigt, dass China seit einigen Jahren Mühe hat, dieses Minimalziel zu erreichen.

Die Turbulenzen, die Chinas Börsen Anfang 2016 erlebten, legen zudem den Schluss nahe, dass sich das chinesische Wirtschaftswunder, welches wir in den Jahren 2010–2012 erleben konnten, seinem Ende zuneigt. In einem Staat, dessen innere Stabilität maßgeblich auf dem zunehmenden privaten Reichtum der Bevölkerung beruht und der als Vielvölkerstaat mit seinen 55 Ethnien (wobei die Han-Chinesen ca. 95 % der Bevölkerung ausmachen) seinen nationalen Kitt auch über das Wirtschaftswachstum generiert, vermag man sich kaum vorzustellen, welche Folgen ein dauerhafter wirtschaftlicher Abschwung haben könnte. Ob China den sowjetischen Weg der Implosion oder den jugoslawischen Weg der Explosion gehen wird, ist gänzlich ungewiss und hängt von vielen, heutzutage nicht bekannten Faktoren ab. Das Ergebnis wäre jedoch das gleiche: eine weitere Fragmentierung des internationalen Systems, mehr noch, als es seit der Zeitenwende von 1989/90 ohnehin geschehen ist. Seit dem Ende des Ost-West-Konfliktes haben 26 neue Staaten ihre Unabhängigkeit erlangt und sind UN-Mitglieder geworden. Zehn neue Staaten sind de facto unabhängig, werden aber nur begrenzt als solche anerkannt und sind keine UN-Mitglieder. Zudem sind neun neue autonome Gebiete sowie 37 umkämpfte Gebiete entstanden, in denen Rebellen Territorium kontrollieren und de facto Staatlichkeit ausüben.

Es ist mit großer Wahrscheinlichkeit davon auszugehen, dass wir in Zukunft mehr von diesen Möchtegernstaaten auf der Weltkarte sehen werden. Es ist natürlich möglich, wie es der «Westen» macht, die Augen vor diesem Trend zu verschließen und auch weiterhin den Versuch zu unternehmen, die bestehenden Staaten mit allen Mitteln zu erhalten. Doch auch eine noch so gut gemeinte Politik der Demokratisierung und des Staatsaufbaus wird Menschen, die nicht mehr zusammenleben wollen, nicht davon abhalten, sich alternative Formen der Selbstverwaltung zu suchen. Möglicherweise wäre es Zeit für einen grundlegenden Paradigmenwechsel. Nämlich weg von der Stabilisierung zerfallender Staaten hin zum Management des Trends der Fragmentierung und territorialen Neuordnung, so wie er in diesem Kapitel beschrieben wurde. Diesen säkularen Trend weiter zu ignorieren, würde nur bedeuten, Stabilität und Sicherheit in diversen Regionen dieser Welt dauerhaft zu gefährden.

Nationalismus und Re-Nationalisierung

> *«The bipolar world is gone. The world's states are careening toward some new equilibrium — or so we imagine, for no one can foretell what the new order will be. All that we know for sure is that it won't resemble what went before — and that nationalism will count much more than before, both within states and in relations among them.»*
> (James B. Rule)

Die Neuaufteilung bestimmter Regionen dieser Welt geht einher mit einer Renaissance des Nationalismus. Doch dessen

Rückkehr beschränkt sich nicht auf Afrika, den Mittleren und Nahen Osten, den Balkan und den postsowjetischen Raum. Sie umfasst den gesamten Globus und damit auch Regionen, die seit Jahrzehnten als immun gegenüber Nationalismus galten. Zuvorderst ist hier von Europa die Rede. Doch wenden wir uns diesem Phänomen systematisch zu und stellen die Frage, was Nationalismus (oder Re-Nationalisierung) im 21. Jahrhundert bedeutet und welche Gefahren von ihm für die regionale und globale Stabilität ausgehen.

Eine Volksgruppe, die die Basis für Nationalismus bildet, ist eine Gruppe von Menschen, die von dem Gefühl ausgehen, dass sie etwas Gemeinsames verbindet, das stärker ist als die Bindung zu anderen sozialen Gruppen. Dieses verbindende Element kann eine gemeinsame Abstammung sein, eine gemeinsame Kultur oder ein geteilter historischer Mythos. Es handelt sich bei einer Volksgruppe somit um eine «imaginäre Gruppe», in der sich die Mitglieder dieser Gruppe untereinander nicht alle kennen (wie wäre das z. B. bei 83 Millionen Deutschen auch möglich?), zueinander aber loyal sind. Selbstredend können die Mitglieder einer Volksgruppe auch andere Identitäten und Loyalitäten haben. Man denke hier nur an den Dreiklang: Bayer, Deutscher, Europäer. Aber letzten Endes überwiegt bei einem Identitätskonflikt in aller Regel die Zugehörigkeit zur nationalen Volksgruppe. Ein Beispiel aus der Fußballwelt mag dieses Argument verdeutlichen. In Deutschland gibt es wohl keinen Fußballverein, der so polarisiert wie der FC Bayern München. Kaum einem anderen Verein wird während der Bundesligasaison so viel Antipathie entgegengebracht, und ganz Fußballdeutschland freut sich, wenn es einem anderen Verein gelingt, die «Bayern» zu schlagen oder ihnen gar die Meisterschale zu entreißen. Spielt der gleiche FC Bayern jedoch im Finale der Champions League, dann drücken auch die meisten Fußballfans außerhalb Bayerns ihm die Daumen und fiebern mit, weil es in diesem Finale darum geht, dass eine deutsche Mannschaft den Pokal holt.

Zur Herausbildung einer Volksgruppe gehört die Abgrenzung von anderen Volksgruppen. Das «Wir» bildet sich immer auch in Auseinandersetzung mit dem «Die» heraus. Wir
Deutschen sind anders als die Franzosen, die Italiener usw. In
dieser Abgrenzung, die normal für den Prozess der Herausbildung einer Volksgruppe ist, liegt aber auch eine enorme
Gefahr, denn sie kann leicht in Hypernationalismus[10] oder
nationalen Chauvinismus[11] umschlagen. Diese Formen des
Nationalismus gehen einher mit einem Überlegenheitsgefühl
gegenüber anderen Volksgruppen. Nicht nur «Wir sind anders», sondern «Wir sind besser» dominiert dann den nationalen Diskurs und die nationale Psyche. Dieses «Wir-sind-
besser»-Gefühl, das hier als Hypernationalismus bezeichnet
werden soll, kann paradoxerweise aber auch Ausdruck einer
gefühlten oder real existierenden Bedrohung durch eine andere Volksgruppe sein. In dieser Kombination von sich überlegen und sich gleichzeitig bedroht fühlen liegt ein enormes
Konfliktpotenzial.

Ziel eigentlich jeder Volksgruppe ist es, in einem selbstver-
walteten Gebiet, vorzugsweise einem Staat, zu leben, aber
nicht jede kann einen eigenen Staat haben, weswegen Volksgruppen auch nach autonomen Regionen oder einer Föderation in existierenden Staaten streben. Denn die Kontrolle über
Territorium bedeutet im Verständnis einer Volksgruppe die
maximale Garantie für ihr Überleben. Und wenn eine Volksgruppe in der Lage ist, einen Staat zu bilden, dann steigt die
Identifikation zwischen der Volksgruppe und dem Staat, so
dass die Volksgruppe bereit ist, ihren Staat bis zum letzten
Mann zu verteidigen. Durch diese Identifikation und die Bereitschaft, notfalls für den Erhalt des Staates zu sterben, kann
es vermeintlich schwachen Staaten gelingen, größere Staaten
im Krieg zu besiegen, wenn in diesen größeren Staaten der
Nationalismus nicht so stark ausgeprägt ist. Dies gilt auch und
insbesondere für die zahllosen Versuche in der Geschichte
(bis hin zur heutigen Zeit) Territorien zu besetzen. Oftmals

begegnen scheinbar überlegene Armeen dort einem starken Nationalismus. Der gewaltsame Widerstand gegen die Besatzungsmacht aus einer objektiv unterlegenen Perspektive kann dabei so stark sein, dass er zu einem übereilten Rückzug des Besatzers führt. So erging es z. B. den USA in Vietnam, Frankreich in Algerien und auch der Sowjetunion und der NATO in Afghanistan.

Seit dem Fall der Berliner Mauer, der symbolisch für das Ende der Ost-West-Konfrontation steht, beobachten wir, dass «neue» Staaten besonders häufig zu militärischer Aggression neigen. Denn Krieg dient ihnen zum einen dazu, die Identifikation der Staatsbevölkerung mit dem Staat zu befördern und zum anderen, das Überleben des eigenen Staates zu garantieren. Ihren Anfang nahm diese Welle in den 90er Jahren in Afrika, in den Konflikten um die Großen Seen, im postsowjetischen Raum und auf dem Balkan. In all diesen Regionen (so unterschiedlich die Konflikte im Einzelnen auch verliefen) kann man einige Gemeinsamkeiten erkennen. Staaten waren nicht mehr in der Lage oder willens, ethnische Minderheiten auf ihrem Territorium zu schützen. Die daraus resultierenden Folgen waren zweifacher Natur. Entweder bildete sich bei der Mehrheitsbevölkerung Hypernationalismus heraus, der von den politischen Eliten geschürt wurde und in dessen Folge es, wie 1994 in Ruanda oder 1995 in Bosnien, zu systematischen, genozidartigen Verfolgungen kam, oder aber die Bedrohungswahrnehmung der Minderheitsbevölkerung führte dazu, dass sie sich bewaffnete und für eine Sezession kämpfte, wie 1999 im Kosovo. In beiden Fällen zeichneten sich diese Konflikte durch ein Maß an Brutalität aus, das viele Beobachter an die Grausamkeiten des Dreißigjährigen Krieges erinnerte. Vor allem in Afrika hatten diese Konflikte zumeist auch regionale Auswirkungen, weil benachbarte Staaten zum Schutz ihrer Minderheitsbevölkerungen aktiv in den Konflikt eingriffen.

Doch auch Regionen, in denen man lange Zeit glaubte, gegen den Nationalismus immun zu sein, sind seit geraumer Zeit von dieser Entwicklung befallen. Die Rede ist von Europa, insbesondere auch von den Mitgliedsstaaten der Europäischen Union. Zwar gab und gibt es in Europa schon seit langem sezessionistische Bestrebungen einzelner Volksgruppen (Basken, Katalanen, Schotten usw.), aber was wir heute erleben, ist ein neuer Nationalismus. Lange Zeit galt das Prinzip der europäischen Solidargemeinschaft, in der die Stärkeren den Schwächeren helfen. Je mehr die Europäische Union jedoch in die Krise geriet, desto deutlicher wurde die Tatsache, dass die Solidargemeinschaft, welche die politischen Eliten Westeuropas über 60 Jahre lang beschworen hatten, ihre Feuertaufe nicht bestehen würde. Nationalistische Parteien, die das Wohl der eigenen Nation über die europäische Idee stellen, gewinnen in ganz Europa an Zuspruch oder treten gar, wie in Polen, Ungarn, Schweden oder der Tschechischen Republik, mit in die Regierungen ein. Dort, wo sie zwar stark, aber nicht regierungsfähig sind, zwingen sie teilweise die regierenden Parteien, ihre nationalistische Rhetorik zu übernehmen. Dies bleibt nicht ohne Auswirkungen auf die Handlungsfähigkeit und den Zusammenhalt der Union. Wie die jüngste Flüchtlingskrise sehr deutlich macht, ist die Bereitschaft, zu einer europäischen Lösung zu gelangen, gleich null. Staaten der EU ergreifen unkoordinierte unilaterale Maßnahmen, um des Problems Herr zu werden. Und auch Deutschland, das sich noch immer für eine europäische Lösung der Flüchtlingskrise stark macht, muss sich den Vorwurf gefallen lassen, dass die unilaterale Entscheidung von Kanzlerin Merkel am 4. September 2015, die deutschen Grenzen für Flüchtlinge zu öffnen, ebenfalls das Ergebnis nationaler Interessenkonstellationen war und nicht auf eine Regelung im europäischen Rahmen abzielte. Mithin grassiert in der Europäischen Union gegenwärtig eine Re-Nationalisierung unter den «alten» Mitgliedsstaaten, die nationale Lösungen europäischen Lösungen vorziehen, und eine starke Tendenz zum Nationalismus bei den «neuen» Mitgliedsstaaten. Es lässt sich aber auch das Aufkom-

men eines «neuen» Nationalismus in den «alten» Mitgliedsstaaten der EU beobachten. Phänomene wie der Aufstieg diverser rechtspopulistischer Parteien legen hierfür Zeugnis ab.
Beide Entwicklungen tragen das Potenzial in sich, die EU als
einheitlich handelnden politischen Akteur mit globalen Ambitionen Geschichte werden zu lassen. Die Entscheidung der
Briten vom 23. Juni 2016, die EU verlassen zu wollen (Brexit),
kann durchaus als der Beginn eines Zerfalls der Europäischen
Union betrachtet werden – zumindest der Europäischen
Union, die wir in der Vergangenheit gekannt haben. Unwahrscheinlich ist hingegen, dass europäische Staaten ihre Konflikte zukünftig mit militärischen Mitteln austragen werden.

Besonders virulent ist der Nationalismus gegenwärtig sowohl in Russland als auch in Asien. In Russland ist seine Basis das Unterlegenheitsgefühl gegenüber dem «Westen». Das
Narrativ, das von der russischen Staatsführung bemüht wird,
lautet, dass der Westen Russland seit Jahren demütigt und
seine Rolle als globale und regionale Ordnungsmacht ignoriert. Gekoppelt wird dieses in erster Linie machtpolitische
Argument mit der Rhetorik von einer dem «Westen» über-
legenen russischen Zivilisation. Der Westen erscheint in der
staatlichen Propaganda als dekadent und im Verfall begriffen.
Die russische Zivilisation halte dagegen die Werte des christ-
lich-jüdischen Abendlandes hoch.

Hinzu kommt noch, dass ca. 25 Millionen ethnische Russen
als Folge des Auseinanderbrechens der Sowjetunion außerhalb der Grenzen der Russischen Föderation leben. Dass sich
Russland als Schutzmacht der Auslandsrussen versteht, daran
ist an sich nichts auszusetzen. Es ist normal für jeden Staat,
dessen ethnische Bevölkerung außerhalb der eigenen Staats-
grenzen lebt. Dass Russland diese jedoch als fünfte Kolonne
nutzt, um seine machtpolitischen Interessen in seinem unmittelbaren geopolitischen Umfeld zu verfolgen und die innenpolitische Zustimmung zu einem solchen Vorgehen durch
Hypernationalismus erfolgreich begründet, macht den russi-

schen Nationalismus extrem gefährlich. Denn er gibt der russischen Staatsführung den notwendigen innenpolitischen Rückhalt, um gegebenenfalls militärisch in Nachbarstaaten zu intervenieren (Georgien 2008, Ukraine 2014) oder diesen mit militärischen Maßnahmen zu drohen, sollten sie sich nicht willfährig gegenüber russischen Wünschen verhalten. Dass der russische Hypernationalismus eine wichtige Funktion für die Unterstützung der Außenpolitik durch die russische Bevölkerung besitzt, sieht man auch daran, dass das Vorgehen auf der Krim und in der Ostukraine (trotz aller Sanktionen durch die EU und die USA) auch weiterhin eine hohe Unterstützung erfährt, während Russlands militärisches Engagement in Syrien, das rein machtpolitisch zu betrachten ist, eher auf Ablehnung stößt.

Das Wiederaufkeimen von Nationalismen in Europa treibt manchmal auch kuriose Blüten, z. B. dann, wenn für Staaten wie Polen, Ungarn oder Bulgarien, in deren sicherheitspolitischer Wahrnehmung der östliche Nachbar eine konkrete Bedrohung ist, Russlands «mission civilisatrice» als Vorbild für die eigene gesellschaftliche Entwicklung gesehen wird.[12]

In Asien lässt sich das Aufflammen von Nationalismen ebenfalls sehr deutlich beobachten. Er ist eng mit dem chinesischen Aufstieg in der Region verbunden und wird von einer aggressiven militärischen Politik zur Sicherung territorialer Ansprüche begleitet. Insbesondere die dadurch wiederaufflammende Rivalität zwischen Japan und China birgt potenziellen Konfliktstoff für zukünftige militärische Eskalationen. Beide Nationen haben eine lange Tradition des Überlegenheitsgefühls gegenüber anderen asiatischen Völkern und beide Staaten haben eine komplizierte Vergangenheit mit Blick auf ihre jüngste Geschichte. Noch immer stellt das imperiale Verhalten Japans im Zweiten Weltkrieg, bei dem schätzungsweise 12 Millionen Chinesen ihr Leben verloren haben, in der kollektiven Psyche der chinesischen Gesellschaft einen Schandfleck dar. Japanische Regierungen haben sich bis auf den heutigen Tag nicht beim chinesischen Volk für die während des Zweiten Weltkrieges verübten Gräueltaten nicht ausreichend entschuldigt, und viele japanische Premierminister besuchen im Vorfeld des Jahrestages der japanischen Kapitulation vom 2. September 1945 den Yasukuni-Schrein, in dem der gefallenen Militärangehörigen gedacht wird. Da sich unter diesen auch etliche Kriegsverbrecher des Zweiten Weltkrieges befinden, löst dieser Besuch regelmäßig in den Staaten, die von der japanischen Aggression am meisten betroffen waren (Nord- und Südkorea sowie China) Wellen der nationalen Empörung aus. Angeheizt wird der Nationalismus in China und Japan durch zwei weitere Faktoren. Zum einen durch die machtpolitische Rivalität beider Staaten in Asien. Es gab in der Geschichte nie eine Situation, in der China und Japan gleichzeitig über große Machtpotenziale verfügten. Es war stets eine Nation im Auf- und die andere im Abstieg begriffen. Im 21. Jahrhundert sind jedoch beide Staaten zugleich mächtig. Der Aufstieg Chinas wird von den japanischen Eliten als Bedrohung der japanischen Souveränität wahrgenommen, der es entgegenzuwirken gilt. Da die Politik der USA gegenüber den hegemonialen Ambitionen Chinas von großen Teilen der japanischen Elite bestenfalls als ambivalent betrachtet wird, geht Japan sukzessive daran, ein militärisches Gegengewicht zu China zu schaffen. Dazu gehört die Aufrüstung und Modernisierung der japanischen Streitkräfte und vor allem die Aufgabe der durch die japanische Verfassung vorgegebenen Selbstbeschränkung hinsichtlich ihres Einsatzes. Einen ersten Schritt stellte die Entscheidung des japanischen Parlaments im Jahre 2015 dar, den Streitkräften den Einsatz im Ausland zur Unterstützung verbündeter Staaten zu ermöglichen. Damit sollte auch ein Signal nach Washington gesendet werden, dass Japan bereit ist, mehr Verantwortung in seinem regionalen Umfeld zu übernehmen, um dadurch die USA enger an Tokio zu binden. Diese «out-of-area»-Entscheidung war in Japan nicht unumstritten, stellt jedoch den Beginn eines gewandelten Selbstverständnisses hinsichtlich der eigenen regionalen und globalen Rolle dar.

In China wird diese Wendung in der japanischen Sicherheitspolitik mit Argwohn betrachtet. Sie weckt Erinnerungen an den japanischen Imperialismus, der im 19. Jahrhundert begann und erst mit der Niederlage im Zweiten Weltkrieg endete. Die Folge ist ein beständiges Anwachsen anti-japanischer Ressentiments in großen Teilen der chinesischen Gesellschaft, welche sich auch von der chinesischen Staatsführung nur schwer kontrollieren lassen.[13] Dass der chinesische Nationalismus mit Blick auf Japan innerhalb der chinesischen Gesellschaft immer stärker wird, so dass einige Beobachter ihn inzwischen für eine Art «soziale Bewegung» halten, hat etwas mit den Demütigungen der Vergangenheit zu tun, ist aber auch Ausdruck eines gewachsenen Selbstbewusstseins als Folge des ökonomischen Aufstiegs Chinas.

In dieser Lage kann ein geringer Anlass dazu führen, dass aus einer hitzigen Konkurrenz eine militärische Konfrontation wird, die letzten Endes Auswirkungen auf den gesamten asiatisch-pazifischen Raum haben kann. Einen solchen Anlass könnten schwelende Territorialkonflikte zwischen China und Japan bieten, insbesondere der Konflikt um die Inselgruppe Senkaku/Diaoyu im Ostchinesischen Meer, die von China und Japan beansprucht, gegenwärtig aber von Japan kontrolliert wird. Japan hat seine Sicherheitszone auf diese Inselgruppe ausgeweitet und China antwortete darauf mit der Ausdehnung seiner Luftverteidigungszone über dem Ostchinesischen Meer, die sich nun mit der japanischen Sicherheitszone überlappt. Damit ist eine Situation geschaffen, in der es potenziell Zusammenstöße zwischen dem japanischen und dem chinesischen Militär geben kann.

Der Nationalismus in Asien ist jedoch nicht auf die japanisch-chinesischen Auseinandersetzungen beschränkt, sondern hat auch den stillen Anwärter auf Hegemonie in der Region, Indien, seit geraumer Zeit erfasst. Auch hier ist es die

Verbindung von machtpolitischen Ambitionen und gesellschaftlichem Hypernationalismus, die nichts Gutes für die Zukunft erahnen lässt. Wie China ist Indien ein Nuklearwaffenstaat und hat in der Vergangenheit einen relativ aufsehenerregenden ökonomischen Aufstieg erlebt. Aber obwohl Indien, als Teil der BRICS-Staaten, zusammen mit China an der Delegitimierung und Unterminierung der westlichen Weltordnung mitwirkt, tritt es in Asien eher als ausgleichender Faktor gegenüber Peking auf. Zusätzlich sieht sich Indien an seiner westlichen Flanke einer Bedrohung durch Pakistan ausgesetzt. Wie wirkt sich der indische Nationalismus in dieser Konstellation aus? Zuvorderst, indem er der herrschenden Hindukaste Selbstbewusstsein verleiht. Der in Indien bis in die 70er Jahre zurückreichende Säkularismus wich in den letzten Jahrzehnten sukzessive zugunsten eines die Hindus bevorzugenden gesellschaftlichen Systems zurück. Diese Entwicklung vollzog sich zumeist zuungunsten der muslimischen Bevölkerung.[14] Mit der zunehmenden politischen Stärke der BJP, der hinduistisch nationalistischen Partei, bis hin zu den Wahlen im Jahre 2014, in denen sie um den heutigen Premier Modi die absolute Mehrheit der Sitze im Parlament gewann, nahm dieser Hindunationalismus zunehmend Einfluss auf die Außenpolitik. Auf der strategischen Ebene lässt sich unter der Ägide Modis eine Abkehr von der Politik der Blockfreiheit sowie von der traditionellen Solidarität mit dem globalen Süden erkennen. Indien möchte seinen Platz am Tisch der Großen einnehmen und sieht sich aufgrund seiner Nuklearwaffen und seiner zunehmend größeren Bedeutung für die Weltwirtschaft dazu auch berechtigt. In Asien selbst möchte es seine Souveränität wahren und ergreift deshalb entsprechende Maßnahmen, um sich als Gegenmacht zu einem immer stärker werdenden China zu etablieren. So intensiviert es seine Beziehungen zu Japan und versucht sich zum Fürsprecher der kleineren asiatischen Staaten aufzuschwingen, die mit China in Territorialdispute verwickelt sind. Gegenüber dem

Erzfeind Pakistan oszilliert die indische Politik zwischen den Versuchen, die Hand zum Dialog auszustrecken, und der Neigung, durchaus aggressiv aufzutreten, wenn die pakistanische Außenpolitik sich in Indiens Augen kontraproduktiv verhält. Das neue indische Selbstbewusstsein, das eng gekoppelt ist an den erstarkenden indischen Hindu-Nationalismus, hat die indische Außenpolitik in den vergangenen Jahren nachhaltig verändert. Aufgrund der ethnischen Heterogenität Indiens stellt der hinduistische Hypernationalismus jedoch eine potenzielle Gefahr für die innenpolitische Stabilität des Landes dar. Denn eine dauerhafte Marginalisierung der muslimischen und anderer Minderheiten Indiens kann zu schweren sozialen und ethnischen Verwerfungen führen, die die Einheit des Landes ernsthaft infrage stellen könnten. In einer Region, in der Indien von machtpolitischen Konkurrenten umgeben ist und in der die meisten Staaten muslimisch sind, wäre es nicht ausgeschlossen, dass diese in einem solchen Konflikt Position zugunsten der ethnischen Minderheiten eingreifen, um Indien als Rivalen in der Region auszuschalten.

In den Staaten des Mittleren und Nahen Ostens ist der Nationalismus in der Vergangenheit nur schwach ausgeprägt gewesen. Bis auf den Iran, in dem traditionell ein starker Nationalismus vorherrscht, gab es und gibt es in der arabischen Welt keine starke Identifikation von Gesellschaften mit der Nation und dem Staat. Die Folgen, die daraus resultieren, können wir heute beobachten. Sie münden in Staatszerfall. Der Nationalismus speist sich aus der gefühlten Zugehörigkeit von Menschen zu einem größeren Ganzen, wobei dieses Ganze ethnisch, historisch, mythologisch, aber auch religiös begründet sein kann. Ein funktionales Äquivalent stellt heute für viele Muslime der Islam dar. Allerdings hat Samuel Huntington bereits auf das Paradoxon hingewiesen, dass die Idee der Ummah, der islamischen Gemeinschaft, im scharfen Gegensatz zum Nationalstaat steht, ihre Realisierung aber Staaten, vor allem mächtige Staaten braucht.[15] Dieser Logik folgte

Al Qaida, und gegenwärtig lässt sie sich auch beim Islami-schen Staat beobachten, der sich, wie sein Name bereits be-sagt, als Staat sieht. Um die Ummah zu verwirklichen, will er existierende Staaten zerstören, um an ihrer Stelle das Kalifat zu errichten, bei dem es sich letzten Endes um eine theologi-sche Vision von einem Kernstaat der sunnitischen Muslime handelt. Es klingt zunächst paradox, aber der Islamische Staat oder andere fundamentalistische Gruppierungen im Mittleren und Nahen Osten folgen einer nationalistischen und national-staatlichen Logik, obgleich sich ihr Kampf gegen existierende Staaten richtet, deren Zerstörung, Auflösung und Neuord-nung sie anstreben. Dieser Kampf ist im Kern ein machtpoliti-scher, also nicht ein religiöser. Er stellt die existierende staatli-che Ordnung in der arabischen Welt in Frage und verlagert die Frontlinie zugleich in die bestehenden Staaten hinein, indem er an die Konflikte zwischen einem sunnitisch und einem schi-itisch geprägten Islamverständnis andockt. Dahinter steht ein machtpolitischer Konflikt: der zwischen Saudi-Arabien (Sun-niten) und dem Iran (Schiiten), um die regionale Vorherrschaft am Persischen Golf und im Mittleren und Nahen Osten.

Dieser kurze Überblick macht deutlich, dass die ohnehin schon kompetitive Natur nationalstaatlicher Politik durch Na-tionalismus und Re-Nationalisierung verschärft wird. Zentral für die Erklärung von Konflikten in und zwischen Staaten bleiben auch im 21. Jahrhundert Faktoren wie nicht zu verein-barende Interessen zwischen verschiedenen sozialen Gruppen in Staaten oder zwischen Staaten, Territorialstreitigkeiten so-wie der Zugang zu und die Sicherung lebenswichtiger Res-sourcen. Der Nationalismus ist nicht ursächlich für Konflikte, kann sie aber beschleunigen. In vielen Teilen der Welt trägt er heutzutage dazu bei, dass Staaten oder staatsähnliche Gebiete ethnisch homogener werden. Mit Blick auf die Häufigkeit zukünftiger innerstaatlicher Konflikte ist dies eine gute Nach-richt, mit Blick auf zukünftige zwischenstaatliche und trans-nationale Konflikte sollte man sich jedoch keiner Illusion hingeben. Sie werden auch zukünftig das Bild in vielen Regionen der Welt bestimmen und in ihrer Grausamkeit dem, was wir aus der Vergangenheit bereits kennen, in nichts nachstehen.

Darüber hinaus besteht die Gefahr, dass Europa das Niveau an Zusammenarbeit, das in 65 Jahren Integration erreicht wurde, nicht mehr länger aufrechterhalten kann. Der auch in der Europäischen Union wiederkehrende Nationalismus macht Kooperation, geschweige denn Integration, zwischen Staaten fast unmöglich und hat somit unweigerlich Auswirkungen auf die EU-Institutionen. Um nicht missverstanden zu werden: Die Europäische Union wird sich nicht auflösen, aber es steht heute mehr denn je in den Sternen, ob sie im Bereich der Wirtschafts- und Sozialpolitik oder der Außen- und Sicherheitspolitik als einheitlicher Akteur handlungsfähig sein wird oder ob die Zukunft europäischer Kooperation und Integration nicht ebenfalls in Ad-hoc-Koalitionen liegen wird. Letzteres ist wahrscheinlich angesichts der strukturellen Interessendivergenzen zwischen den EU-Mitgliedsstaaten. Sollte eine solche Entwicklung stattfinden, wofür momentan vieles spricht, dann wäre der Traum von Europa als einer globalen Macht für lange Zeit ausgeträumt.

Hybride Herausforderungen

Sind Staatszerfall sowie Re-Nationalisierung und Nationalismus recht klassische Themen, die ihre Rückkehr auf die globale Bühne erleben, so gibt es in der internationalen Politik des 21. Jahrhunderts auch neue Herausforderungen, die sich in den letzten zwei Dekaden entwickelt haben. Sie sind nicht neu hinsichtlich ihrer Erscheinungsform. Migration, Pandemien, transnational operierender (islamistischer) Terrorismus, all dies ist nicht neu. Neu ist heutzutage hingegen, dass man nicht abschätzen kann, ob diese Phänomene zu Bedrohungen werden können und wenn ja, wie man ihnen begegnen sollte.

Sie stellen Risiken dar, die zu Bedrohungen werden können, aber nicht notwendigerweise werden müssen.

Die Unterscheidung zwischen Risiken und Bedrohungen ist nicht bloß semantischer Natur. Bedrohungen zeichnen sich dadurch aus, dass es einen Akteur gibt (z. B. ein Staat), dessen Intentionen bekannt sind (z. B. durch Reden, in denen anderen Staaten mit militärischen Maßnahmen gedroht wird) und von dem man weiß, dass er über die nötigen Mittel verfügt (z. B. Raketen), um seine Intentionen in die Realität umzusetzen. Die Sowjetunion etwa war für die nordatlantische Allianz von 1949 bis 1989 eine solche Bedrohung.

Risiken hingegen sind dadurch gekennzeichnet, dass mindestens eine der drei Säulen der Bedrohung unbekannt ist. Entweder ist man sich über den Akteur nicht im Klaren oder seine Intentionen sind unbekannt; oder aber man verfügt über kein gesichertes Wissen hinsichtlich seiner Fähigkeiten.[16] Viel wird von den Auswirkungen des Klimawandels auf die Sicherheit von Regionen und Staaten geredet, letzten Endes befindet man sich jedoch auf der Ebene reiner Spekulation.

Für die staatliche Sicherheitspolitik hat der Wandel von Bedrohungen zu Risiken gravierende Konsequenzen. Denn anstelle reaktiver Politik, wie sie bei Bedrohungen oftmals festzustellen ist, wird proaktive Politik betrieben, deren Ziel es ist, zu verhindern, dass aus Risiken konkrete Bedrohungen werden. Dabei findet Handeln oftmals unter den Bedingungen von zweifacher Unsicherheit statt. Zum einen hinsichtlich der möglichen Auswirkungen des Risikos auf staatliche Sicherheit und zum anderen hinsichtlich der Frage, ob die vorgesehenen Maßnahmen geeignet sind zu verhindern, dass Risiken zu Bedrohungen werden. Proaktive Politik hat zwei Dimensionen. Sie kann vorsorgend oder vorbeugend sein. Sie kann diplomatisch, aber auch militärisch betrieben werden. Die Strategie der Präemption, wie sie von den Vereinigten Staaten in der National Security Strategy von 2002 proklamiert wurde und deren Kern das Recht der USA darstellt, einen anderen Staat anzugreifen, wenn nur der Verdacht besteht, dass dieser die Vereinigten Staaten zukünftig angreifen könnte, stellt die extremste Form dieser proaktiven Risikopolitik dar.

Da Staaten jedoch wie angedeutet unter der Bedingung doppelter Unsicherheit handeln, treten bei reaktiver oder proaktiver Risikopolitik eine Reihe nicht unerheblicher Probleme zutage. Zuvorderst muss hier das Problem der nicht intendierten Effekte genannt werden. Nicht intendiert bedeutet in diesem Zusammenhang nicht, dass man die Ziele einer bestimmten Politik verfehlt,[17] sondern dass diese Ergebnisse zeitigt, die weder vorhergesehen wurden noch erwünscht sind. Dass der Versuch der NATO, Afghanistan in eine stabile Demokratie zu transformieren, gescheitert ist, ist kein nicht intendierter Effekt. Dass durch die Politik der NATO die Taliban gestärkt wurden, war dagegen ein nicht intendiertes Resultat. Dabei müssen nicht intendierte Effekte nicht notwendigerweise negativ sein.[18] Oftmals zwingen nicht intendierte Effekte Staaten dazu, mehr Ressourcen einzusetzen als für die Verfolgung des ursprünglichen Ziels.

Die neuen Risiken, die sich zu Bedrohungen entwickeln können, sind ihrer Natur nach oftmals hybrid, d.h. in ihnen mischen sich unterschiedliche Akteure oder Phänomene. Ihre Bearbeitung muss deshalb unter Rückgriff auf vielfältige Instrumente staatlicher Sicherheitspolitik erfolgen, was per se schon problematisch ist. Ein Paradebeispiel für die komplexe Gemengelage ist der internationale (islamistische) Terrorismus. Den diversen Gruppierungen, die existieren, geht es primär darum, die von ihnen als häretisch betrachteten Regime der arabischen Welt zu stürzen, die als kolonial festgeschriebenen und als «unislamisch» empfundenen nationalen Grenzen einzureißen und an ihrer Stelle ein Kalifat zu errichten. Da die meisten arabischen Regime in der Logik dieser Gruppen von externen Großmächten gestützt werden, kann ihr Sturz nur über eine Vertreibung dieser externen Mächte aus der arabischen Welt erfolgen. Und da diese externen Mächte, allen voran die USA, militärisch zu mächtig sind, um ihnen im offenen Kampf zu begegnen, ist Terrorismus die bevorzugte Waffe dieser Gruppierungen. Die Logik, die dahinter liegt, ist relativ klar. In den Augen dieser Gruppierungen sind westliche Gesellschaften nicht bereit, für die diplomatische und militärische Präsenz ihrer Regierungen einen hohen Preis zu bezahlen. Wenn es ihnen gelingt, durch terroristische Anschläge auf Soldaten oder Zivilisten dieser Staaten deren Blutzoll in die Höhe zu treiben und in diesen Gesellschaften das Gefühl auszulösen, dass es keine Sicherheit mehr gibt, solange ihre Regierungen im Mittleren und Nahen Osten oder auf der arabischen Halbinsel aktiv sind, dann werden sich ebendiese Gesellschaften dafür aussprechen, das Engagement ihrer Regierungen in diesen Regionen der Erde zu beenden. Der Erfolg dieser Strategie im Irak und in Afghanistan scheint ihnen recht zu geben und ist ihnen Antrieb, ihren Kampf in neue Gebiete zu tragen. Dabei sind zerfallende Staaten ein bevorzugtes Territorium, weil dort Strukturen aufgebaut werden können, die der Ausbildung zukünftiger Terroristen dienen. Nicht von ungefähr breitete sich der IS vom Irak nach Syrien aus und ist heute auch in Libyen tätig; und ebenso verfügt Al Qaida über Camps im Jemen, Pakistan, Sudan und Somalia. Auch bilden sich Allianzen zwischen regionalen terroristischen Organisationen und den beiden oben genannten Gruppierungen. So gibt es eine Al Qaida-Gruppierung im Maghreb, die aus diversen nationalen Organisationen hervorgegangen ist. Die somalische Al Shabaab-Miliz hat 2012 ihre Zugehörigkeit zu Al Qaida erklärt, und in Nigeria begreift sich Boko Haram als Teil eines vom IS angeführten Kampfes. Zwischen diesen terroristischen Organisationen bilden sich analog zu Staaten lockere Allianzen, die der Bekämpfung des als gemeinsam erachteten Feindes dienen. Das bevorzugte Mittel, Terror, ist das Mittel der Schwachen und eine besonders perfide Form der Gegenmachtbildung gegen die militärische, diplomatische und ökonomische Übermacht des Westens.

Die gemeinsame Ideologie, aber auch die strategischen Ziele, die diese Gruppierungen teilen, bilden das transnationale Element. Anders als beim linksextremistischen Terrorismus der 70er und 80er Jahre geht es den diversen Gruppierungen nicht nur um die Eroberung staatlicher Macht in einem Land, sondern um die Errichtung eines grenzübergreifenden Kalifats. Gruppierungen wie Al Qaida oder der IS besitzen dabei eine Anziehungskraft für Männer und ebenso für Frauen, die weit über ihr eigentliches Operationsgebiet hinausreicht. So wird von den Geheimdiensten vermutet, dass sich ca. 20 000 fremde Kämpfer im syrischen Konfliktgebiet aufhalten – mehr als 3000 von ihnen aus Europa. Zugleich sind der IS und Al Qaida wie ein Franchisesystem organisiert. Weltweit können sich ihnen Einzelpersonen oder Gruppierungen anschließen, und zwar einzig durch rhetorischen Bezug auf die jeweilige Mutterorganisation und ohne operative Anleitung durch diese. Schon hier wird deutlich, dass das Phänomen des Terrorismus nicht nur ein staatliches und außenpolitisches, sondern auch ein transnationales und innenpolitisches ist. Die neuen Medien machen es diesen Gruppierungen möglich, weltweit zu rekrutieren, und ihre dezentralisierte Struktur erschwert den Kampf gegen sie. Richtigerweise versuchen Regierungen (zumeist der OECD-Welt) den Terrorismus unter Rückgriff auf alle Elemente staatlicher Macht zu bekämpfen. Doch sind die Erfolge gering. Denn zum einen kann angesichts der Anpassungsfähigkeit dieser Organisationen absolute Sicherheit nicht mehr garantiert werden, und zum anderen gilt es, insbesondere für demokratische Staaten, die prekäre Balance zwischen Sicherheit und Freiheitsrechten zu wahren. Je stärker der Staat für Sicherheit sorgt, weil es seine Bürger einfordern, desto mehr muss er die individuellen Freiheitsrechte seiner Bürger einschränken, was von diesen oftmals mehrheitlich abgelehnt wird. Im Kampf gegen den internationalen Terrorismus lässt sich dieses Dilemma demokratischer Politik nicht lösen, sondern nur minimieren. Dass der demokratische Staat in diesem Kampf Gefahr läuft, seine eigenen Fundamente zu untergraben, gehört zu den nicht intendierten Effekten, von denen einleitend die Rede war.

Ein weiteres Paradoxon demokratischer Politik bei der Bekämpfung islamistischer Gewalt ist, dass Demokratien dabei mit Staaten kooperieren müssen, die oftmals zu den finanziellen Unterstützern dieser Gruppierungen zählen. Da diesen Partnerstaaten aber aufgrund ihrer engen Verbindung zu diesen Gruppierungen eine Schlüsselstellung bei ihrer Bekämpfung zufällt, bleibt demokratischen Staaten oftmals keine Alternative, als mit diesen zu kooperieren. So nehmen Länder wie Pakistan, Saudi-Arabien, Iran, aber auch die Türkei eine wichtige Rolle bei der Bekämpfung von Al Qaida, dem IS oder anderen Organisationen ein, gehören zugleich jedoch zu deren Unterstützern oder, wie im Falle des Iran, zu den Unterstützern anderer terroristischer Gruppierungen in der Region. Dass sich die USA, aber auch Deutschland durch eine solche Politik den Vorwurf der Doppelmoral einhandeln, lässt sich dabei nicht vermeiden – und ist inhaltlich sogar zutreffend. Solange aber ein klares Bekenntnis der westlichen Staaten zu einer interessengeleiteten Realpolitik beim Kampf gegen den internationalen Terrorismus fehlt und zumindest rhetorisch die irrige Annahme am Leben erhalten wird, es ginge bei diesem um ethische und moralische Werte, wird dieses Dilemma westlicher Staaten weiterbestehen. Leider führt die westliche Doppelmoral auch dazu, dass die Argumente terroristischer Gruppierungen bei Jugendlichen immer mehr verfangen.

Der Ausweg aus dieser Doppelmoral wäre eine von vielen Bürgern als zynisch erachtete interessengeleitete Realpolitik, die ihr Handeln mit dem nationalen Interesse und der nationalen Sicherheit begründet und sich auch nur von diesen Kategorien leiten lässt. Das wäre ehrlich und konsistent, doch ist fraglich, ob eine solche Politik im 21. Jahrhundert bei der Mehrheit der Bevölkerung noch Zustimmung findet. Die

Erwartungen der Bevölkerung mögen ein wichtiger Grund dafür sein, warum sich westliche Außenpolitik mit einem Janusgesicht präsentiert: Sie trägt universelle Werte wie eine Monstranz vor sich her, gibt vor, ausschließlich am Wohlergehen von Menschen interessiert zu sein, orientiert sich in ihren Handlungen im Konfliktfall jedoch an den realpolitischen Interessen. Dies führt zu einem immensen Glaubwürdigkeitsverlust, der sich nicht nur in einem Verlust an Einfluss übersetzt, sondern auch den Widerstand gegen den «Westen» verstärkt. Die Folge der Doppelgesichtigkeit ist der lange Krieg gegen den internationalen Terrorismus, der durch westliches Verhalten und westliches Handeln beständig befeuert wird.

Aber Terrorismus ist nur eine der hybriden Herausforderungen des 21. Jahrhunderts. Über ihn wird viel geschrieben und geredet. Weniger Aufmerksamkeit erfahren Pandemien und Epidemien als Problem der internationalen Sicherheit. Sicherlich: Kommt es zum Ausbruch von Seuchen, wie der Vogelgrippe in China 2013, der SARS-Pandemie 2002/2003, die 1200 Todesopfer forderte, oder dem Ebola-Ausbruch zwischen 2014 und 2016 in Westafrika, dann gibt es eine große mediale, zumeist hysterische Aufmerksamkeit, die apokalyptische Szenarien entwickelt, wie die ganze (oder die halbe) Welt an der Verbreitung dieser Seuche zugrunde gehen wird. Und in der Tat, anders als zu früheren Zeiten, als es eines aus Asien kommenden Schiffes bedurfte, um die Pest nach Europa einzuschleppen, können Viren und ihre Träger heute in relativ kurzer Zeit und oftmals auch von staatlichen Gesundheitsbehörden unentdeckt lange Strecken zurücklegen (zumeist im Flugzeug). Aber sowohl die SARS- wie auch die Ebola-Pandemie haben gezeigt, dass ein solches Szenario bislang eher in den Bereich der Science-Fiction-Literatur gehört. Die COVID-Pandemie hingegen, deren Ursprung auch in China lag, brachte zwischen 2020 und 2022 die Welt fast völlig zum Stillstand.

Erfahren SARS und Ebola eine große mediale Aufmerksamkeit, so haben wir uns global seit langem daran gewöhnt, dass die Zahl HIV-infizierter Menschen sehr hoch ist. Obgleich es viel Wissen um die Übertragungswege dieser Krankheit gibt, waren noch im Jahr 2020 1,5 Millionen Neuinfektionen zu verzeichnen. Insgesamt lebten im gleichen Jahr ca. 37,7 Millionen Menschen weltweit mit dem Virus und 680 000 Menschen sind an ihm verstorben.[19] Die positive Nachricht, dass die Zahl der Neuinfektionen im Vergleich zum Jahr 1997 um ca. 52 % zurückgegangen ist und dass die Therapien, die in den letzten Jahrzehnten entwickelt wurden, es immer mehr Menschen ermöglichen, trotz HIV-Infektion ein normales und vor allem langes Leben zu führen, wird dadurch getrübt, dass die Infektionsrate in einigen Regionen dieser Welt noch immer exorbitant hoch ist. Afrika ist der von HIV am meisten betroffene Kontinent. Die Bekämpfung von HIV gestaltet sich dort – im Vergleich zum Rest der Welt – aufgrund kultureller sowie religiöser Vorbehalte und der Tatsache, dass sich die Pharmaindustrie lange Zeit geweigert hat, Generika von Medikamenten zur Therapie zuzulassen, ungleich schwieriger.

Was haben aber Seuchen und Pandemien mit Sicherheitspolitik zu tun? Viel, denn sie verändern in einigen Regionen dieser Welt die Sicherheitslage dramatisch. Sie tragen dazu bei, staatliche Institutionen (hier insbesondere das Militär) zu schwächen, sie erschweren internationales Engagement in Krisen- und Konfliktgebieten und führen zu einem demographischen Wandel, der eine Erhöhung der Konfliktgefahr nach sich ziehen kann. Insbesondere das Militär in vielen afrikanischen Staaten ist durch HIV entscheidend geschwächt. Peter Piot, der ehemalige Leiter des UNAIDS-Programms, sprach einmal davon, dass Konflikte und HIV «teuflische Zwillinge»[20] seien. Die Gründe dafür sind vielfältig. Was das Militär betrifft, so ist die Infektionsrate dort bis zu viermal höher als in der zivilen Bevölkerung. Der Grund liegt zum einen in der Tatsache, dass viele Soldaten jung und in einem sexuell aktiven Alter sind. Zudem werden sie zumeist fern von ihrer Heimatregion stationiert, und damit entziehen sie sich einer in vielen afrikanischen und asiatischen Gesellschaften vorherrschenden traditionellen sozialen Kontrolle. Um Kasernen herum gibt es eine hohe Anzahl von Prostituierten, die ebenfalls zur Risikogruppe zählen. Und in vielen Streitkräften ist Drogenmissbrauch ein weitverbreitetes Problem. All diese Faktoren tragen dazu bei, dass in den Armeen die Anzahl HIV-infizierter Menschen (zumeist Männer) größer ist als im Rest der Gesellschaft. In einzelnen Ländern hat die Infektionsrate im Militär erschreckende Ausmaße angenommen. So geht man davon aus, dass sie in Zimbabwe um die 80 % beträgt.

Eine solch hohe Anzahl von Infizierten in den Reihen der Streitkräfte und durch alle Dienstränge hat unweigerlich Folgen für ihre Einsetzbarkeit. Selbst wenn es in Afrika billige Methoden der Therapie geben sollte, würden diese Männer nur bedingt in der Lage sein, den körperlichen Anforderungen, die sich Soldaten stellen, nachzukommen. Je höher der Anteil von Infizierten ist, desto schlechter lassen sich Streitkräfte einsetzen.

So wie HIV die Streitkräfte schwächt, so schwächt es auch die Gesellschaften und die Staaten – insbesondere dort, wo eine halbwegs gebildete Mittelschicht in großen Teilen vom Virus infiziert ist. In vielen afrikanischen Staaten, aber auch in Teilen Asiens ist dies der Alltag. Damit geht die Schwächung der Volkswirtschaften einher. In solchen Staaten finden terroristische Gruppierungen schnell die sicheren Häfen, die sie benötigen, um ihre Anschläge zu planen und ihren Nachwuchs auszubilden. Staaten, die nicht mehr in der Lage sind, ihr Gewaltmonopol nach innen und nach außen auszuüben, weil die dafür notwendigen Institutionen (Polizei und Militär) geschwächt sind, werden anfälliger für politisch, ökonomisch, ethnisch oder religiös motivierte Gewaltakteure.

Hinzu kommt noch, dass der rapide demographische Wandel, den HIV verursacht und der sich mit dem Stichwort Verjüngung der Gesellschaft am besten umschreiben lässt, eine Generation junger Männer zur größten Gruppe der Gesellschaft werden lässt. Angesichts der latenten Aggressivität, die jungen Männern innewohnt, ist die Wahrscheinlichkeit gewaltsamer Konfliktaustragung dort größer. Ihre Problematik darf nicht unerwähnt bleiben, da sie Auswirkungen auf die Art und Weise hat, wie Konflikte geführt werden. HIV hinterlässt zudem insbesondere in Afrika eine hohe Anzahl von Waisenkindern, die von diversen gewalttätigen Gruppierungen als Kindersoldaten rekrutiert werden.

Aber die Auswirkungen von HIV auf die Sicherheitspolitik bleiben nicht nur auf Afrika oder auf Teile Asiens beschränkt, sondern haben globale Folgen. In der Vergangenheit waren es zumeist afrikanische und asiatische Staaten, die das Gros an Soldaten für UN-mandatierte Peacekeeping-Einsätze gestellt haben. Sind sie in einem solchen Einsatz, kann sich HIV im Einsatzgebiet weiter ausbreiten. Langfristig besteht die noch größere Gefahr, dass solche Einsätze nur noch schwer zustande kommen, da die traditionellen Truppenstellerstaaten zu wenig Soldaten haben, die sie in solche Einsätze entsenden können.

Aber HIV ist nur ein Problem der Sicherheitspolitik, wenngleich auch sicherlich das dringlichste. Pandemien und Epidemien stellen für die internationale Politik, insbesondere die Sicherheitspolitik, ein ähnlich relevantes Risiko dar wie HIV, wenngleich auf andere Art. Bislang lassen sich für virale Erkrankungen wie SARS oder Ebola nicht die gleichen Effekte auf das Militär, die Gesellschaft, die staatlichen Institutionen oder die nationalen Volkswirtschaften beobachten wie bei HIV oder COVID. Und dennoch ist es nicht auszuschließen, dass mit einer zunehmenden Resistenz dieser Erreger die nächsten Ausbrüche weitaus gravierendere Effekte auf die Staaten, in denen sie stattfinden, haben werden, als dies in der Vergangenheit der Fall gewesen ist. Für Großmächte stellt die

Existenz dieser Viren bereits heute ein Problem dar, wenn es um die Frage externer militärischer und ziviler Interventionen geht. Wie schütze ich meine Soldaten, Diplomaten und Entwicklungshelfer vor den Erregern? Was mache ich, wenn sich Angehörige der eben genannten Berufsgruppen dennoch mit diesen Erregern infiziert haben? Transportiere ich sie unmittelbar nach Hause und riskiere, dass sich der Virus auch im Heimatland ausbreitet? Errichte ich Quarantänestationen im Einsatzgebiet und lasse diese militärisch sichern, um sie vor eventuellen Angriffen zu schützen? Wie begleite ich die im hoheitlichen Auftrag tätigen Angehörigen meines Staates vor, und wie versorge ich sie während und nach einem solchen Einsatz auf medizinischem Gebiet? All diese Fragen müssen sich Staaten stellen, die auf die ein oder andere Art in Konfliktgebieten mit hoher Pandemiewahrscheinlichkeit agieren wollen. Und die Beantwortung dieser Fragen ist in aller Regel mit hohen ökonomischen Kosten verbunden. Es ist zu erwarten, dass die Bereitschaft, in Konfliktgebieten mit einer hohen Pandemiegefahr zu intervenieren, aufgrund der hier beschriebenen Unklarheiten eher sinken denn steigen wird.

Eine Welt auf Wanderung

Die Folge einer in Teilen von Gewalt, Armut und Pandemien gekennzeichneten und zerfallenden Welt sind weltweite Flüchtlingsbewegungen. Das Phänomen ist nicht neu, es nimmt im 21. Jahrhundert aber langsam Ausmaße an, die an die Völkerwanderung im 4. und 5. Jahrhundert nach Christus erinnern. Denn wie damals zeichnen sich die Migrationsbewegungen der jüngeren Zeit dadurch aus, dass sie mit einem Zivilisationsbruch einhergehen könnten.[21] Migration, Flucht und Vertreibung werden ein Charakteristikum der internationalen Politik des 21. Jahrhundert bleiben. Solange der Prozess der territorialen Neuordnung verschiedener Regionen dieser Welt

nicht abgeschlossen ist, werden Menschen aufgrund ihrer eth-
nischen Zugehörigkeit oder ihrer religiösen sowie politischen
Ansichten aus ihren Herkunftsregionen vertrieben werden.
Solange neu entstehende territoriale Gebilde Nationalismus
als Ideologie benötigen, um einen gesellschaftlichen Kitt zu
formen, werden diverse Gruppen von der gesellschaftlichen
Partizipation ausgeschlossen bleiben und ihr Heil in der
Flucht suchen. Dies sind beileibe nicht die einzigen Gründe,
die Menschen dazu bringen, sich auf Wanderung zu begeben.
Unzureichende ökonomische Chancen in ihren Heimatlän-
dern, repressive Regime, die strukturelle Benachteiligung des
«Globalen Südens» durch das noch immer westlich domi-
nierte Weltwirtschaftssystem sowie die katastrophalen Ergebnisse, die westliche Entwicklungshilfe über die letzten 55 Jahre
erzielt hat, kommen noch als Fluchtursachen hinzu. Und es
gibt wenig Anlass zur Hoffnung, dass sich dieser Trend in absehbarer Zeit umkehrt. Eher wird das Gegenteil der Fall sein.
Die Statistik legt eine solche Vermutung nahe. Laut UN-
Flüchtlingshilfe gab es im Jahr 2014 ca. 60 Millionen Menschen, die auf der Flucht waren. Nur 7 Jahre später, also 2021,
waren es bereits ca. 84 Millionen Menschen. Dabei muss man
zwischen «internally displaced persons» (also Menschen, die
innerhalb ihres Heimatlandes von einer Region in eine andere
fliehen) und «externally displaced persons» (Menschen, die
ihr Heimatland verlassen und Schutz und Sicherheit in einem
anderen Staat suchen) unterscheiden. Die größte Gruppe von
«externally displaced persons» kam im Jahr 2021 aus Ländern,
in denen seit Jahren Bürgerkrieg herrscht (Syrien, Zentral-
afrikanische Republik, Afghanistan, Somalia, Sudan, Süd-
sudan, Kongo und Myanmar). Internally displaced persons
stellen die ohnehin schon von Gewalt und Staatszerfall betroffenen Länder vor große Stabilitätsprobleme, da sich mit den
auf der Flucht befindlichen Menschen auch die Konflikte in
andere Regionen eines Staates ausbreiten können. Externally
displaced persons sind dagegen eine enorme gesellschaftliche

Herausforderung für die Aufnahmestaaten, wie wir es seit Ende 2015 in der Bundesrepublik Deutschland beobachten können. Davon soll an dieser Stelle jedoch nicht die Rede sein. Die Aufmerksamkeit gilt hier den außen- und sicherheitspolitischen Herausforderungen, die sich durch eine Welt auf Wanderung stellen.

Zunächst besteht durch Zuwanderung aus Bürgerkriegsländern oder zerfallenden Staaten immer die Möglichkeit, dass Konflikte aus den Herkunftsländern in die Aufnahmestaaten exportiert werden. Dieser Export kann geplant sein, wie im Falle der durch den IS nach Europa oder in die Türkei eingeschleusten, angeblichen syrischen Flüchtlinge, oder wie im Falle der durch die kurdische Partei PKK immer wieder auf dem Boden der Bundesrepublik organisierten gewalttätigen Demonstrationen gegen Einrichtungen des türkischen Staates (Botschaften, Konsulate). Aus den 70er Jahren ist der Export des palästinensischen Terrorismus nach Europa noch in schlechter Erinnerung. Liegen die Aufnahmestaaten geographisch nahe am Bürgerkriegsgebiet, so besteht zudem die Gefahr einer «horizontalen Eskalation» des Konfliktes. Der Aufnahmestaat in der Nachbarschaft kann durch Bürgerkriegsparteien angegriffen werden, oder er sieht sich gar gezwungen in den Bürgerkrieg als externe Partei direkt einzugreifen, weil die vom Bürgerkrieg ausgehende Bedrohung für seine Sicherheit als unakzeptabel erachtet wird. In vielen der in Afrika schwelenden Dauerkonflikte sind die benachbarten Länder involviert, weil sie sich von ihrem direkten militärischen Engagement eine Einhegung des Konfliktes versprechen, der ansonsten auf ihr Territorium überzuspringen droht. Der Konfliktexport kann aber auch unbeabsichtigt erfolgen – aufgrund der Tatsache, dass soziale Gruppen unterschiedlicher ethnischer, religiöser oder politischer Provenienz aus einem Bürgerkriegsland im gleichen Aufnahmestaat leben. Flüchtlinge, aber auch Migranten mit anerkanntem Aufenthaltsstatus können zudem von ihrer «Heimatregierung» als

fünfte Kolonne für deren außenpolitische Ambitionen ge-
nutzt werden. Die chinesische Regierung betreibt eine solche
Instrumentalisierung bereits seit langem mit den Auslandschi-
nesen, vor allem in Asien. Sie kann allein durch die schiere
Menge der außerhalb Chinas lebenden Chinesen Wahlen beeinflussen oder auf ökonomische Prozesse Einfluss nehmen.
Auch in Europa ist dieses Phänomen bekannt. So gehört es
zur russischen Strategie der hybriden Kriegsführung, die im
nicht-russischen Ausland lebenden Russen für außenpolitische Propaganda einzuspannen. Dies kann man in der extrem-
sten Form gegenwärtig im Osten der Ukraine beobachten;
aber die Instrumentalisierung der angeblichen Entführung
und Vergewaltigung des minderjährigen russlanddeutschen
Mädchens Lisa durch russische Staatsmedien und die seitens
des Internationalen Konvents der Russlanddeutschen organisierten Demonstrationen in Deutschland zeigen, dass dieses
Instrument russischer Propaganda überall zum Einsatz kommen kann.[22] Man muss an dieser Stelle eine genaue Unterscheidung zwischen legitimer Lobbyarbeit ethnischer, religiöser
und politischer Gruppen und dem Einsatz von Minderheiten
zur Verfolgung staatlicher Außenpolitik treffen.[23] Nicht immer ist diese Grenzziehung klar vorzunehmen; sie ist aber
wichtig, da sonst der Eindruck entstehen kann, dass jede Selbstorganisation ethnischer, politischer oder religiöser Interessen von ausländischen Minderheiten die Funktion von «fünf-
ten Kolonnen» erfüllt.

Unabhängig ob Konflikte intentional oder nicht intendiert
exportiert werden, gerät das Aufnahmeland dadurch unter
Druck. Bei außenpolitischen Entscheidungen müssen nunmehr nicht nur die innenpolitischen Befindlichkeiten der eigenen Bevölkerung berücksichtigt werden, sondern auch die der
Minderheiten, die als Flüchtlinge auf dem eigenen Territorium
leben. Angesichts der stetig anwachsenden muslimischen Bevölkerung aus dem Mittleren und Nahen Osten in Deutschland könnte dies z. B. auf mittlere Sicht bedeuten, dass die

Bundesrepublik Deutschland in Zukunft ihre Politik der fast grenzenlosen Solidarität mit dem Staat Israel in dieser Form nicht mehr weiterverfolgen kann. In Frankreich z. B. vollzog sich mit der steigenden Anzahl muslimischer Einwanderer in den 60er Jahren ein Wandel der französischen Nahost-Politik. Lieferte Frankreich noch in den 50er Jahren Waffen an den jüdischen Staat, so wurde die Fünfte Republik ab Anfang der 60er Jahre zu einer der vehementesten Fürsprecherinnen für die palästinensische Sache in Europa. Die Drohung des Exports von Konflikten kann in extremen Fällen dazu führen, dass westliche Staaten, um einen solchen Export zu verhindern, «faule» Kompromisse eingehen. Unlängst wurde z. B. bekannt, dass die Schweiz in den 70er Jahren wohl ein Geheimabkommen mit der PLO unterzeichnete, wonach PLO-Kämpfer die Schweiz als sicheres Rückzugsgebiet hätten nutzen können, im Gegenzug die PLO Bern zusicherte, keine Aktivitäten auf Schweizer Boden zu entfalten.[24] Auch über Italien wird gemunkelt, dass es in den 70er Jahren Konzessionen gegenüber der PLO gemacht hat, damit diese keine Anschläge auf italienischem Boden verübt. Und bis heute hält sich das Gerücht, dass die Bundesrepublik Deutschland in den 80er Jahren Verhandlungen mit der PKK geführt hat, um die Kurdenorganisation dazu zu bewegen, ihre Aktivitäten gegen türkische Einrichtungen auf deutschem Boden einzustellen.

Um eine Einschränkung der nationalstaatlichen Entscheidungssouveranität zu vermeiden, gehen Staaten dazu über, proaktive Konfliktprävention zu betreiben. In der diplomatisch korrekten Sprache heißt dies dann «Fluchtursachenbekämpfung». Dieser Fluchtursachenbekämpfung liegt die einfache und zugleich naive Idee zugrunde, dass, wenn es nur genügend gute Regierungen auf der Welt (und insbesondere in der unterentwickelten Welt) gäbe, Menschen keinen Grund mehr hätten zu fliehen. Die Idee des guten Regierens oder der «good governance», wie es in der Fachsprache heißt, orientiert sich stark an Vorstellungen, wie sie in den modernen

OECD-Demokratien verwirklicht sind. Neben Inklusion aller sozialen Gruppen in den politischen Prozess stehen Ideen wie Pressefreiheit, Mehrparteiensystem, Gewaltenteilung, Nicht-Diskriminierung und dergleichen im Fokus dieser Ideologie. Aber in vielen Fällen gehen diese Vorstellungen an den Realitäten in den Ländern vorbei, für die «good governance» das Allheilmittel sein soll. Der Versuch, eine bestimmte Wirtschafts- und Sozialordnung von außen durchzusetzen, führt oftmals zum Widerstand der Regierungen, die Objekt solcher Sozialexperimente sind, und zu Gewalt gegenüber jenen Gruppen in der Gesellschaft, die den Ideen einer grundsätzlichen Transformation der oft autokratischen und traditionellen Systeme in Asien, Afrika oder dem Mittleren und Nahen Osten aufgeschlossen gegenüberstehen. Aus Fluchtursachenbekämpfung wird somit oftmals unbeabsichtigt Fluchtursachenschaffung.

In ihrer weniger gewaltsamen Form führte die Politik der aktiven Transformation von politischen Systemen durch den Westen mittels einer konditionierten Kreditvergabe durch den Internationalen Währungsfonds (also Kredite nur bei Erfüllung bestimmter politischer Vorgaben) dazu, dass ein autoritärer Staat wie China, der in seiner Entwicklungshilfepolitik Kredite nicht an die Erfüllung bestimmter politischer Normvorstellungen bindet, mittlerweile der größte Kreditgeber für afrikanische Staaten ist. Im Gegenzug hat China die exklusiven Schürfrechte für sogenannte «seltene Erden», ohne die die moderne Kommunikationsgesellschaft nicht mehr funktionieren kann, da sie für die Produktion etwa von Smartphones unverzichtbar sind.

Digitalisierung

Wir leben im Zeitalter der Informationstechnologie. Für Individuen haben die neuen Technologien eine Menge Vorteile.

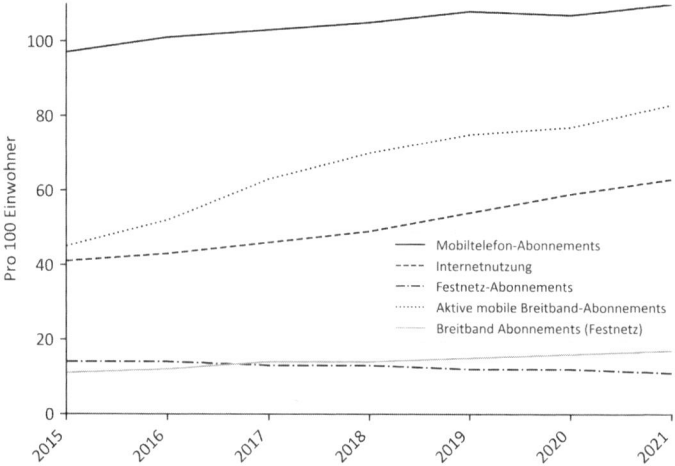

Graphik 8: Globale Entwicklungen im Bereich der Informations- und Kommunikationstechnik

Wir können im Internet einkaufen, durchs Internet Kontakt mit Freunden und Bekannten in entlegenen Gegenden dieser Welt halten und uns, wann immer wir es wollen, mit Informationen versorgen. Für die internationale Politik des 21. Jahrhunderts hingegen ist das Informationszeitalter eher ein Fluch als ein Segen. Es trägt nämlich zu einer erheblichen Machtdiffusion bei.[25] Es erschwert Staaten Kontrolle auszuüben und birgt neue Gefahren für staatliche Sicherheit, denen Staaten nicht oder nur schwer mit traditionellen Mitteln begegnen können. Auch deshalb wird Ordnung im internationalen System für lange Zeit eine Chimäre bleiben. Doch was genau ist damit gemeint, wenn an dieser Stelle von Informationstechnologie als Fluch geredet wird, wie bewirkt sie staatlichen Kontrollverlust und welches sind die Gefahren, die durch sie für Staaten entstehen?

Betrachten wir zunächst einige Fakten. Graphik 8 zeigt vor allem den rasanten Anstieg an Handybesitzern sowie die beeindruckende Verbreitung des Internets. Interessant ist auch die mobile Breitbandnutzung durch Smartphones, die ebenfalls ein imposantes Wachstum erfahren hat. Sie spiegelt die Entwicklung der Mobiltelefone in den letzten 10 Jahren hin zu hochleistungsfähigen Kleinstcomputern. Im Januar 2022 hatte Facebook mehr als 2,9 Milliarden Accounts, 2 Milliarden Menschen nutzten im Februar 2022 WhatsApp, und 440 Millionen Menschen setzten im Januar 2022 Tweets auf Twitter ab. Nach Schätzungen gibt es fast 2 Milliarden Webpages.[26] Allein die Suchmaschine Google verarbeitet ca. 200 Petabytes (=200 000 000 Gigabyte) an Informationen pro Tag.[27] Und die Zahl der Internetuser stieg von ca. 50 Millionen im Jahr 1998 auf geschätzte 5,2 Milliarden 2021.[28] Diese Zahlen, die an sich schon beeindruckend sind und erahnen lassen, welche Bedeutung das Internet für den Einzelnen hat, machen auch deutlich, dass mit der Entwicklung in der Informationstechnologie zwei Tendenzen einhergehen. Zum einen eine Beschleunigung und zum anderen eine Verbilligung. Es dauert heutzutage keine Sekunde, um Informationen von einem Ende an das andere Ende der Welt zu versenden, und das Ganze kostet kaum noch etwas. Informationen stehen im Überfluss zur Verfügung.

Dadurch verlieren traditionelle Instrumente der Informationsvermittlung (Radio, Zeitung, Fernsehen), aber auch der Informationsvorsprung klassischer Akteure der internationalen Politik (Regierungen) zunehmend an Bedeutung. Die Möglichkeit für Individuen, direkt zu kommunizieren, Informationen auszutauschen oder sie ins Netz zu stellen, trägt zur Machtdiffusion in der internationalen Politik bei. Denn der Verlust der Informationshoheit durch Regierungen, also ihrer Möglichkeit, Informationen zu kontrollieren, ermöglicht es zugleich anderen, nicht-staatlichen Akteuren, eine größere Rolle in der internationalen Politik zu spielen. Die Bandbreite dieser Akteure ist enorm. Sie reicht von Nichtregierungsorganisationen bis hin zu terroristischen Gruppen. Nun wäre es ein allzu einseitiges Bild, zu behaupten, dass Regierungen durch die Informationsrevolution nur geschwächt werden. Aufgrund ihrer Größe und ihrer Finanzkraft sind sie durchaus in der Lage, die Kontrolle über die Informationshoheit zurückzuerlangen. Jedoch handelt es sich hierbei oftmals um ein Katz-und-Maus-Spiel. Besonders deutlich zeigt sich dies bei militärischen Operationen. Durch Medienzentren und «embedded journalists» versuchen etwa die NATO und die USA bei ihren Kriegseinsätzen die Deutungshoheit zu behalten. Auf der anderen Seite sind Meldungen in den sozialen Medien für sie kaum zu kontrollieren und können alle Bemühungen konterkarieren. Auch sind bewusst oder unbewusst lancierte Falschmeldungen von Regierungen nur schwer zu korrigieren. In der amerikanischen Debatte zur Einführung einer «allgemeinen Krankenversicherung» fielen Falschmeldungen, die auf Facebook, Twitter oder in Blogs erschienen, trotz massiver Bemühungen der US-Administration und seriöser Medien, bei Gegnern von Obamacare auf fruchtbaren Boden.[29]

Die rasante Entwicklung der Informationstechnologie hat zudem zu einer zunehmenden Abhängigkeit unserer Gesellschaften von ebendieser Technologie geführt – sei es mit Blick auf die Infrastruktur, die Sicherheit (innere wie äußere) oder auch die Ökonomie. Diese Abhängigkeit geht einher mit einem neuen Maß an Verwundbarkeit. Sicherlich waren die hochindustrialisierten Gesellschaften des Westens schon immer verwundbar. Die Abhängigkeit der Bundesrepublik Deutschland von Rohstoffen machte die Bonner Republik seit dem Wirtschaftswunder der 50er Jahre von rohstoffexportierenden Ländern abhängig, und die Folgen der ersten und zweiten Erdölkrise (1973 und 1979) sind den älteren Bürgern dieser Republik sicherlich noch gut im Gedächtnis geblieben. Aber es waren Abhängigkeiten von anderen Staaten. Heute sind unsere Gesellschaften verwundbar durch eine Vielzahl von Akteuren, seien sie staatlich oder privat. Und gerade im Bereich der Informationstechnologie sind es zunehmend auch private Akteure (organisierte Kriminalität, terroristische Organisationen, aber auch Individuen), die durch ihre Aktionen einen enormen Schaden verursachen können. So waren Hacker z. B. Anfang Februar in der Lage, die Verwaltung von sechs Krankenhäusern in Nordrhein-Westfalen lahmzulegen, und im August 2015 gelang es russischen Hackern, das Netz des Deutschen Bundestags so stark zu infiltrieren, dass dieses vier Tage nicht funktionsfähig war. Dies sind nur kleine Angriffe auf einen Teil einer kritischen Infrastruktur, jedoch lassen sie erahnen, welches zerstörerische Potenzial durch Cyberkriminalität existiert. Die auf Antiviren-Software spezialisierte Firma McAfee schätzt, dass der Schaden, der 2013 weltweit durch Cyberkriminalität entstanden ist, sich auf ca. 400 Milliarden US-Dollar belief. Ein großer Teil dieser Kriminalität wird direkt von Regierungen oder in ihrem Auftrag betrieben und umfasst sowohl das klassische Feld der Wirtschaftsspionage als auch Sabotage. Neben den USA sind hier insbesondere China und Russland seit mehreren Jahren äußerst aktiv. Aber auch «kleinere» Staaten wie Nordkorea entwickeln in diesem Bereich große Aktivitäten. Die unter Großmächten stattfindende Wirtschaftsspionage ist ein Teil des großen Spiels der globalen Machtverschiebung, die wir gegenwärtig erleben. Aber auch im politischen Bereich wird Spionage im großen Umfang betrieben. Der NSA- und GCHQ-Skandal zeigt, dass sich auch Allianzpartner gegenseitig ausspionieren. Überraschend ist das alles nicht, vergegenwärtigt man sich die Grundkonstellation im internationalen System, die durch Misstrauen und unvollständige Information über das Verhalten des anderen gekennzeichnet ist. Unter solchen Bedingungen soll politische Spionage dazu beitragen, dass der Staat, der ausspioniert, einen Vorteil bei diplomatischen Verhandlungen erzielen kann, da er über die «wahren» Intentionen seiner Verhandlungspartner bereits vorab informiert ist. Und im militärischen Bereich sind heutzutage fast alle großen Staaten dazu übergegangen, eigene Cyberkommandos in ihren Streitkräften zu gründen.

Die Wirtschaftsspionage und die politische Spionage im Cyberraum sind im Grunde gut bekannte Verhaltensweisen, nur jetzt unter Einsatz neuer Technologien. Neu ist hingegen, dass sich Staaten und private Akteure im virtuellen Raum in der Sicherheitspolitik begegnen, und zwar als Gegner. Die Informationstechnologie trägt dazu bei, Machtunterschiede zwischen kleinen Staaten, privaten Akteuren und Großmächten zu nivellieren und ermöglicht es somit kleinen Staaten und privaten Akteuren, komparative Vorteile gegenüber großen Staaten in diesem Bereich zu erlangen. Joseph Nye hat in seinem Buch über die Zukunft von Macht einige Beispiele hierfür aufgeführt, die an dieser Stelle wiedergegeben werden sollen. Heutzutage ist es für jeden möglich, hochauflösende Satellitenbilder von kommerziellen Firmen zu beziehen oder sich bei Google Earth herunterzuladen, ebenso wie sich im Handel ein GPS-System zu kaufen. Beides, Satellitenaufklärung und GPS, war lange Zeit nur im Besitz von einigen Staaten und verschaffte diesen einen erheblichen Vorteil bei militärischen Operationen. Die zunehmende Abhängigkeit der Streitkräfte von Kommunikations-, Kommando- und Kontrollsystemen macht diese verwundbar und bietet ein lohnenswertes Ziel für terroristische Gruppen, aber auch für Privatpersonen, die diese Systeme infiltrieren, um militärische Operationen zu behindern.[30] In diesem Licht stellt auch das Wirken sogenannter «whistleblower» eine Gefährdung für Leib und Leben von Soldaten im Einsatz dar. Indem Dokumente verfügbar werden, die Details militärischer Operationen, Namen von Agenten usw. enthalten, kann ein Gegner (sei er staatlicher oder nicht-staatlicher Natur) Informationen erhalten, an die er andernfalls nur schwer oder gar nicht herankommen würde.

Mithin wird für Großmächte die militärische Exekution ihrer Sicherheitspolitik durch die breite Verfügbarkeit von Technologie zusehends erschwert, und oftmals wird dadurch ihr Vorsprung, den sie aufgrund ihrer größeren Machtpotenziale gegenüber kleinen Staaten oder privaten Akteuren eigentlich haben sollten, nivelliert. Aber die Cyberdomäne eröffnet für staatliche Akteure auch ganz neue Handlungsmöglichkeiten. Durch die ihnen zur Verfügung stehenden Ressourcen sind Staaten in der Lage, die neuen Informationstechnologien zur Verfolgung ihrer nationalen Interessen zu nutzen. Etwa, indem man andere Staaten sabotiert, wie dies 2011 im Falle der iranischen Urananreicherungsanlage Natanz sowie des Kernkraftwerkes Buschehr erfolgt ist. Die Entwicklung des dafür benutzten Virus Stuxnet soll die USA und Israel laut Zeitungsmeldungen ca. 50 Millionen US-Dollar gekostet haben. Solche ausgefeilten und von langer Hand vorbereiteten Attacken sind nur durch Staaten durchzuführen. Privaten Akteuren fehlen die dafür notwendigen Finanzmittel sowie die Infrastruktur.[31] Aber auch die Entwicklung unbemannter Waffensysteme wäre ohne die neuen Informationstechnologien nicht möglich.[32] Und diese sogenannten Drohnen werden von Großmächten und auch Israel vermehrt zur Aufklärung, aber vor allem zur gezielten Tötung eingesetzt.

Zwischen 2002 und 2016 ordneten die Präsidenten Bush und Obama mehr als 800 dieser «gezielten» Tötungen an, bei denen mehrere tausend Menschen (darunter auch viele Zivilisten) starben. Ohne das Leben der eigenen Soldaten zu gefährden, kann die amerikanische Administration durch Drohnen auch in Konflikten militärisch tätig werden, bei denen ein Eingreifen von der eigenen Bevölkerung nicht mehrheitlich unterstützt wird. Doch die Verfügbarkeit dieser Technologie hat auch dazu geführt, dass immer mehr Staaten auf dieser Welt Drohnen erwerben bzw. diese zukünftig erwerben wollen. Im Jahr 2021 nutzten laut einem Bericht des European Council on Foreign Relations 95 Länder militärische Drohnen.[33] Bereits jetzt kann man also davon sprechen, dass der technologische Vorteil, den die USA durch die Produktion von Drohnen hatten, ausgeglichen wurde. Doch der vermehrte Einsatz von Drohnen, die wie einst in der Antike der

Göttervater Zeus Blitze vom Himmel schleudern, ist auch nicht unproblematisch. Denn zum einen wirkt er nicht, wie ihre Befürworter argumentieren, als eine Art permanente Abschreckung, sondern stärkt den Gegner eher, indem er ihm immer neue Rekruten zuführt. Auch reagiert die Organisation, die durch den Einsatz von Drohnen geschwächt werden soll (zumeist terroristische Gruppierungen), mit einer stärkeren Dezentralisierung ihrer Strukturen, was wiederum entscheidende Schläge zu ihrer Schwächung erschwert. Und zuletzt versucht der Gegner neue asymmetrische Wege zu finden, um den technologischen Vorteil des Angreifers zu nivellieren.

Auf der ethischen Ebene, nämlich bei der Frage, ob es legitim ist, mittels Drohnenschlägen Mitglieder terroristischer Gruppen zu töten, lässt sich eine interessante Verschiebung der Debatte verfolgen. Wurde früher argumentiert, dass einzig das Mitglied einer regulären Streitkraft legitimes Ziel von Operationen zur gezielten Tötung sei, so gehen heute führende Vertreter der revisionistischen Schule des gerechten Krieges davon aus, dass bereits die individuelle Schuld eines Menschen ausreichend sei, um individuelle Tötungen zu legitimieren.[34] Damit wird die Frage der Legitimität gezielter Tötungen nicht mehr aus einer kriegsvölkerrechtlichen Perspektive, sondern aus einer Polizeilogik heraus beantwortet.

Die nächste Generation von autonomen Waffensystemen ist bereits im fortgeschrittenen Entwicklungsstadium. Systeme, die autonom darüber entscheiden, wen und wann sie töten. Diese Killer Robots, wie sie von Kritikern genannt werden, gehörten vor ein paar Jahren noch in das Reich der Science-Fiction-Literatur, bald werden sie aber politische und militärische Realität sein.[35]

Aber auch für private Akteure, insbesondere für Terroristen, eröffnet der Cyberraum gänzlich neue Möglichkeiten. Nicht ohne Grund unterhalten sowohl der Islamische Staat als auch Al Qaida eigene Medienabteilungen. Denn die ideologische Schulung, das Verbreiten von «Erfolgsmeldungen» via Videos, das Rekrutieren sowie in Teilen das Erlernen des militärischen Handwerks (Bombenbau, Sprengfallen und die Herstellung von Giftgas) werden über das Internet durchgeführt. Chaträume dienen der Kommunikation und Planung von Anschlägen, und selbst der Entwurfsordner in gängigen E-Mail-Systemen wird, wie im Falle der Sauerländer Gruppe, zur sicheren Kommunikation benutzt. Der virtuelle Raum ermöglicht terroristischen Gruppen, Propaganda zu betreiben, ohne ihre Klandestinität aufweichen zu müssen. Sicherlich sind Staaten in der Lage, solche Aktivitäten zu überwachen und die Sperrung entsprechender Websites und Chaträume zu veranlassen, doch es dauert nicht lange, bis neue Homepages erscheinen und neue Chaträume eröffnet werden. Es ist ein Katz-und-Maus-Spiel, das in diesem virtuellen Raum geführt wird. Und es ist in der Tat das Virtuelle, das diesen von Menschen kreierten Raum, der aber durch Menschen nicht beherrschbar ist, einzigartig macht. Wo früher für einen Angriff ganze Armeen Berge überqueren, über Meere segeln und Landstriche hinter sich bringen mussten, spielt in diesem Raum, der keine natürlichen Hindernisse kennt, Entfernung keinerlei Rolle. Ein Angreifer kann binnen Sekunden tausende von Kilometern zurücklegen und einen Schaden beim Angegriffenen verursachen, den eine ganze Panzerdivision in einem konventionellen Krieg nicht bewirken könnte. Als die Syrian Electronic Army (SEA), eine Assad nahestehende Gruppierung, im April 2013 den Twitter-Account von Associated Press gehackt hatte und einen Tweet absetzte, wonach es im Weißen Haus zu einer Schießerei gekommen sei, bei der Präsident Obama verletzt worden sei, brach unmittelbar danach die Börse an der Wall Street für fünf Minuten ein. Der entstandene wirtschaftliche Schaden für die USA belief sich dabei auf ca. 136 Milliarden US-Dollar.[36] Präsident Bashar al-Assad bezeichnete die SEA in einer Rede nicht zu Unrecht als eine «reale Armee in einer virtuellen Wirklichkeit».[37] In dem

James-Bond-Film «Skyfall» wird diese Neuerung zynisch von Q, der höchstens 25 Jahre alt ist, auf den Punkt gebracht, als er anlässlich seines ersten Treffens mit James Bond in der National Gallery auf seinem mitgebrachten Laptop zeigt, dass er, Q, mit einem Tastendruck unmittelbar mehr Schaden anrichten könne, als der Geheimagent mit seinen antiquierten Methoden. Oftmals wird ein Cyberangriff so geschickt ausgeführt, dass der Angegriffene nicht weiß, woher dieser letzten Endes stammt. Dieses in der Fachsprache Attribuierungsproblem genannte Phänomen erschwert eine angemessene und vor allem schnelle Reaktion. Als Ende April 2007 das estnische Parlament sowie das Bankensystem des Landes durch eine Cyberattacke angegriffen und funktionsunfähig gemacht wurden, lag aufgrund der Komplexität des Angriffes sowie des Streites zwischen Russland und Estland um die Entfernung eines sowjetischen Ehrenmals in Tallinn die Vermutung nahe, dass er von offiziellen russischen Stellen durchgeführt oder zumindest in Auftrag gegeben wurde. Allerdings gibt es bis auf den heutigen Tag keinerlei Beweise dafür, dass dem tatsächlich auch so gewesen ist. Selbst wenn man also den Angriff auf die politische und ökonomische Infrastruktur Estlands 2007 als feindlichen Akt klassifizieren würde, bliebe die Frage, gegen wen Estland in Ermangelung konkreter Beweise zurückschlagen sollte. Und wenn nach Monaten der Recherche genau feststeht, von welchem Computer der Angriff ausgeführt wurde, ist damit noch immer nicht klar, wer ihn angeordnet hat. Aber auch wenn diese Frage endgültig geklärt ist, ist so viel Zeit vergangen, dass von einer schnellen Reaktion auf einen Cyberangriff nicht mehr die Rede sein kann.

Die Cyberdomäne gleicht somit dem Wilden Westen, in der das Recht des Stärkeren gilt, wobei der Stärkere im Cyberspace nicht notwendigerweise derjenige ist, der über die meisten Machtmittel verfügt. Klassische Instrumente staatlicher Sicherheitspolitik, wie z.B. Abschreckung, sind in diesem virtuellen Raum nur schwer zur Anwendung zu bringen. Sie funktionieren nur über die stärkere Sicherung von Systemen, die es dem Angreifer erschweren soll, in sie einzudringen. Die Erfahrung zeigt, dass solche Maßnahmen, die viel Geld erfordern, eher ermutigend denn abschreckend wirken und in den meisten Fällen nach einiger Zeit auch wieder ausgehebelt bzw. unterlaufen werden. Problematisch wird es, wenn Staaten aufgrund betriebswirtschaftlicher Überlegungen für ihr militärisches Gerät handelsübliche Elektronik verwenden. Diese Einkaufspolitik «aus dem Regal» kann dazu führen, dass Viren in die Hardware eines militärischen Gerätes vorab eingebaut werden. So vermuten Experten bereits seit langem, dass die meisten in China hergestellten Computerchips Viren enthalten, die es der chinesischen Regierung ermöglichen, die Netzwerke, Computer und Industrieanlagen, aber auch militärisches Gerät anderer Nationen auszuspionieren. Und 2011 berichtete das Las Vegas Review Journal, dass in der Hardware eines Teils der auf der Creech Air Force Base in Las Vegas stationierten Drohnen ein Virus entdeckt worden sei. Ob der Chip, der diesen Virus enthalten hat, aus China stammte, wurde jedoch nicht mitgeteilt.[38]

Sind Staaten im Cyberspace oftmals relativ hilf- und machtlos, was die Aktivitäten privater Akteure anbetrifft, wenn es um den Bereich der internationalen Politik geht, so stellt sich dies in der Innenpolitik anders da. Insbesondere autoritäre Staaten bemühen sich seit geraumer Zeit sehr erfolgreich, die Verbreitung von Ideen und Informationen durch das Internet in ihren Ländern zu reglementieren oder zu kontrollieren. Sei es wie in Usbekistan, das seinen Bürgern nur langsame Internetverbindungen zur Verfügung stellt, wodurch das Laden von Websites mühsam ist, oder wie in der Türkei oder in China (um zwei prominente Beispiele zu nennen), die bestimmte Internetdienste in ihrem Land erst gar nicht zulassen bzw. zeitweilig oder permanent sperren.

Im Zuge des arabischen Frühlings entstand der Mythos der Facebook- und Twitter-Revolution. Protestierende in

Ägypten oder Tunesien benutzten zur Koordinierung ihrer Aktivitäten soziale Medien, da dadurch eine schnellere und flexiblere Kommunikation untereinander möglich war. Der Staat reagierte in zweifacher Weise darauf. Er schaltete, wie in Ägypten, das Internet ab (auch wenn der Industrie dadurch laut OECD-Schätzungen ein Schaden von 90 Millionen US-Dollar entstand) oder er benutzte, und hierfür ist der Aufstand in Ägypten 2011 ebenfalls illustrierendes Beispiel, die sozialen Medien zur Desinformation und Irreführung der Aufständischen. Der ägyptische Geheimdienst lancierte während der Proteste am Tahrir-Platz über gefälschte Facebook- und Twitter-Accounts Falschmeldungen, um Teile der Protestströme umzuleiten oder um Zwietracht zwischen verschiedenen politischen Gruppierungen unter den Aufständischen zu säen.[39] Gelernt hatte der Geheimdienst diese Strategie vom Vorgehen der staatlichen Stellen im Iran während der Proteste von 2009 und von der chinesischen Regierung während der Unruhen in der Provinz Xinjiang im selben Jahr. In diesen innenpolitischen Konstellationen ist der Staat in aller Regel der stärkere und mächtigere Akteur und der Einfluss neuer Technologien auf politische Veränderungen begrenzt. Mittels neuer Technologien können Demonstranten ihr Anliegen in Echtzeit weltweit zur Geltung bringen, sie können ihre Proteste untereinander besser koordinieren oder sie gar (wie teilweise im Arabischen Frühling zu beobachten gewesen ist) transnationalisieren. Sie können auch für weltweite Solidarität sorgen. Aber: Steht die Macht der Informationstechnologie der Macht der Gewehrläufe gegenüber, unterliegt sie in aller Regel.

Fazit

Staatsmänner und -frauen sowie Diplomaten und manchmal auch Militärs befinden sich in der Cassandra-Falle. Sie schlagen Warnungen gern in den Wind und rennen lieber sehenden Auges ins Unglück, als dem Mittler der Wahrheit eine Chance zu geben. Grund hierfür sind Hybris sowie die bewusste Weigerung, etwas, das nicht ins eigene Weltbild passt, anzunehmen.

Nach der historisch einmaligen Situation, einen Krieg (wenngleich auch nur einen kalten) gewonnen zu haben, ohne einen einzigen Schuss abzufeuern, setzte sich beim «Westen», allen voran bei seiner Führungsmacht, den USA, die Einsicht durch, dass nunmehr die Zeit gekommen sei, das internationale System gemäß den eigenen Vorstellungen umzugestalten und so in einen dauerhaft stabilen und friedlichen Zustand zu überführen. Im Zentrum dieser Überlegungen standen jedoch nicht uneigennützige Bedürfnisse, sondern das Streben nach maximaler Sicherheit und maximalem Wohlstand für die USA und ihre Verbündeten.

Die Tatsache, dass die USA aus dem Ost-West-Konflikt mit einer ungeheuren Machtfülle hervorgingen, schuf in Washington eine breite Allianz aus Neokonservativen und Liberalen, die den Einsatz militärischer Machtmittel als legitimes Instrument ansahen, um ihre globalen Phantasien zu realisieren. Und diese Ziele lassen sich in zwei Punkten zusammenfassen. Erstens, zu verhindern, dass die USA machtpolitische Konkurrenz erhalten und, zweitens, ein für die Sicherheit der USA günstiges Umfeld zu schaffen. Gemäß dem Sprichwort, dass alle Probleme wie Nägel aussehen, wenn man nur einen Hammer hat, wurde die militärische Intervention zu einem der bevorzugten Instrumente, das die USA zur Verfolgung ih-

rer Interessen einsetzten. In keinem Fall brachte dies den
gewünschten Erfolg. Sicher, unliebsame Diktatoren wurden
von der Macht entfernt, aber von Bosnien-Herzegowina über
Afghanistan und den Irak bis hin zu Libyen hinterließen
diese Intervention zerfallende Staaten, in denen rivalisierende
Gruppen gewaltsam um die Macht kämpfen, die Zivilbevölkerung leidet und in denen destabilisierende Tendenzen über
die nationalen Grenzen hinweg auf die Nachbarstaaten über-
greifen. Die Folgen dieses liberalen Imperialismus sind bis
heute spürbar. Territoriale Neuordnung in verschiedenen Gegenden der Welt, Flüchtlingsströme und ein tief sitzender
Hass (insbesondere im Mittleren und Nahen Osten) auf die
westliche Politik, die aus der Perspektive der Menschen in
dieser Region bislang nichts anderes als Chaos bewirkt hat.

Diese Politik, die die USA, aber auch ihre Verbündeten, in
den letzten 30 Jahren betrieben haben, hat u. a. dazu beigetragen, dass sich Widerstand formierte. Widerstand in Form des
islamistischen Terrorismus, der für viele junge Menschen eine
ideologische Alternative zum westlichen Liberalismus und
zum nahöstlichen Despotismus bietet und dem es gelungen
ist, mit asymmetrischen Mitteln dem Westen ein gefährlicher
Gegner zu werden. Der Einsatz von High-Tech-Streitkräften
hat die Suche nach primitiven, aber effektiven Gegenmaßnahmen befördert. Das Ziel dieses Kampfes ist weniger ein Angriff auf «unsere» Art und Weise des Lebens, wie es von der
Politik und den Medien gerne formuliert wird, sondern Widerstand gegen «unsere» Politik in dieser Region. Und das
strategische Kalkül ist offensichtlich. Nur wenn es gelingt,
den «Westen» aus dem Mittleren und Nahen Osten zu vertrei-
ben, gibt es eine realistische Chance darauf, die Macht zu ergreifen. Und solange sich die USA, aber auch ihre Verbündeten, weiterhin aktiv in diese und andere Regionen dieser Welt
einmischen, wird der Widerstand gegen diese Politik erhalten
bleiben und ggf. noch stärker werden.

Widerstand gegen die USA ist auch das Motiv, das die Politik der sogenannten BRICS-Staaten (Brasilien, Russland, Indien, China, Südafrika) kennzeichnet. Widerstand gegen den Einfluss der USA in ihrem unmittelbaren geographischen und geopolitischen Umfeld, aber auch Widerstand gegen die vom «Westen» dominierten internationalen Institutionen. Diese aufsteigenden Mächte wollen sich nicht in die liberale Weltordnung integrieren und sich von deren Normen und Werten in ihrer Politik einengen lassen. Sie streben eine neue Weltordnung an, die ihren Interessen und ihrem Selbstverständnis entspricht. Allerdings ist ihre Politik dabei nicht frei von Widersprüchen. Denn oftmals bauen sowohl China wie auch Russland, um zwei der wichtigsten BRICS-Staaten zu nennen, darauf, dass die Vereinigten Staaten in ihrem Drang, Weltordnungsmacht zu sein, sich globaler Probleme schon annehmen werden, ohne dass Russland und China gezwungen sind, selbst Verantwortung zu übernehmen. Doch je näher diese Ordnungsversuche seitens der USA im unmittelbaren Umfeld dieser Staaten stattfinden, desto stärker ist der Widerstand dagegen, bis hin zu militärischen Muskelspielen, wie wir sie gegenwärtig seitens Russlands und Chinas erleben. Diese Politik ist nicht ungefährlich, denn sie könnte in eine unbeabsichtigte Eskalation konventioneller Art führen. Bislang war es auszuschließen, dass ein solcher Konflikt nuklear geführt wird. Denn trotz der Tatsache, dass sich die Großmächte im internationalen System in kaum einer Frage einig sind, hat an einer nuklearen Konfrontation niemand Interesse. Und dies wirkt auf die Großmächte mäßigend. Die apodiktische Aussage des Feldwebels in «Mutter Courage», wonach erst der Krieg die Ordnung schafft, galt für die globale Ebene nicht mehr. Es ist von daher anzunehmen, dass, selbst wenn es zu einer unbeabsichtigten konventionellen Eskalation zwischen China und den USA oder Russland und den USA kommen sollte, die Bemühungen um deren Beilegung seitens der beiden Kontrahenten intensiv sein werden. Das Wissen um das gemeinsame Interesse an der Verhinderung einer nuklearen Eskalation hat aber auch seine Schattenseiten. Denn sie ermöglicht Staaten wie Russland und China, die sich in direkter machtpolitischer Konkurrenz zu den USA befinden, in ihrem unmittelbaren Umfeld militärisch aggressiver aufzutreten. Anders liessen sich die russische Invasion im Osten der Ukraine, die Krimbesetzung, die beständigen militärischen Provokationen Russlands gegenüber der NATO, aber auch die chinesische Politik im Südchinesischen Meer nicht erklären. Und der russische Angriffskrieg von 2022 war u. a. nur deshalb möglich, weil es Russland klar kommuniziert wurde, dass die NATO nicht aktiv in diesen Konflikt einzutreten gedenke. Allerdings muss man, wie gezeigt, hinzufügen, dass Russland während des Ukraine-Krieges 2022 dem «Westen» beständig mit dem Einsatz nuklearer Waffen droht. Auch wenn weiterhin angenommen werden kann, dass Russland kein Interesse an einer nuklearen Konfrontation mit der NATO oder den USA hat, haben Nuklearwaffen als Instrument der Erpressung in diesem Krieg eine neue Bedeutung erlangt.

Es fehlt an globaler Ordnung, weil die Großmächte keine gemeinsame Idee von dieser Ordnung haben. Darauf zu hoffen, dass die Welt sich in einer Übergangsphase befindet und sich dieser Zustand alsbald legt, ist aber vergeblich. Denn die Vorstellung, dass die Weltordnung wieder stabil wird, sobald sich das Machtverhältnis zwischen den Großmächten und der einzig verbliebenen Supermacht wieder eingependelt hat, verkennt, dass es eine fundamentale Veränderung in der internationalen Politik gibt, die diese mit Blick auf die Geschichte sicherlich berechtigte Hoffnung ins Leere laufen lässt: die Tatsache, dass sich die Natur von Macht grundlegend verändert hat.

Kurz gefasst haben wir es mit Blick auf Macht und ihre Einsetzbarkeit im 21. Jahrhundert mit dem Phänomen zu tun, dass staatliche Akteure zunehmend darin eingeschränkt sind, die ihnen zur Verfügung stehenden Machtmittel zum einen zur Verfolgung ihrer Interessen einzusetzen und zum anderen über den Einsatz von Machtmitteln die von ihnen gewünschten Ergebnisse zu erzielen.[1] Der Besitz militärischer Macht ist im 21. Jahrhundert nicht mehr mit der Fähigkeit gleichzusetzen, mit ihrem Einsatz oder der Androhung von Zwangsgewalt eigene Interessen global durchzusetzen. Sicher, für die Verteidigung des eigenen Territoriums vor einem umfassenden konventionellen Angriff braucht es auch weiterhin gut ausgerüstete und ausgebildete Streitkräfte; sollen Interessen außerhalb des eigenen Territoriums verfolgt werden, darf man ihre Möglichkeiten jedoch nicht überbewerten. Kriege zwischen Großmächten erscheinen wegen der gesicherten nuklearen Zweitschlagsfähigkeit in absehbarer Zukunft als unwahrscheinlich. Auch reduziert sich wegen der abnehmenden Bedeutung oder der schwindenden Glaubwürdigkeit von Sicherheitsgarantien die Möglichkeit für militärisch starke Staaten, Einfluss auf Verbündete und ihre Außen- und Sicherheitspolitik zu nehmen. Irreguläre Akteure, die Verfügbarkeit von Technologie, soziale Medien sowie eine Militäreinsätzen zunehmend skeptisch gegenüberstehende Öffentlichkeit erschweren zudem die militärischen Operationen und ihre Legitimation, insbesondere wenn die Einsätze länger dauern.

Auch im Bereich ökonomischer Machtmittel spielen heute neben Staaten transnationale Wirtschaftsunternehmen, unsichtbare Märkte und Nicht-Großmächte eine immer wichtigere Rolle. Die Aktivitäten dieser Akteure können Großmächte ebenfalls daran hindern, ihre Macht zur Verfolgung ihrer nationalen Interessen «effektiv», im Sinne von ziel- und ergebnisorientiert, einzusetzen. Sie sind in der Lage, die Großmächte zu blockieren oder zu stören[2] und erschweren es ihnen, ihre ökonomischen Machtpotenziale einzusetzen. Dabei geht es allerdings nicht nur um die Partikularinteressen der Großmächte, sondern auch um die Stabilität der internationalen Wirtschaftsordnung, die eine Voraussetzung für Wachstum und damit für die Steigerung des Wohlstands ist. Zwar versuchen Staaten auch weiterhin, Regeln zu setzen, in deren Rahmen sich auch nicht-staatliche Akteure bewegen müssen, allerdings wird dies zunehmend schwieriger. Dieser Wandel in der Einsetzbarkeit von Machtmitteln zur Verfolgung staatlicher Interessen lässt den Schluss zu, dass es relativ unerheblich ist, in welcher Welt wir zukünftig leben werden (ob uni-, bi- oder multipolar). Sie wird nicht die von vielen erhoffte Stabilität produzieren. Im Gegenteil!

Die territoriale Neuordnung in Afrika sowie im Mittleren und Nahen Osten wird auf absehbare Zeit Krieg, Elend, Terror und Flucht bewirken, und die Fähigkeit, darauf ordnend einzuwirken, wird schwinden. Der neue Nationalismus wird Spannungen zwischen Gesellschaften erzeugen und wird – wie es sich im Falle Europas bereits beobachten lässt – zu Desintegration führen. Und sowohl auf globaler als auch auf regionaler Ebene beobachten wir, dass die internationalen Organisationen, die in der Vergangenheit einen wichtigen Baustein globaler oder regionaler Ordnung darstellten, dauerhaft geschwächt bzw. marginalisiert sind. Es ist sicher falsch, die verfehlte Politik des «Westens» in den letzten 30 Jahren allein für all diese Entwicklungen verantwortlich zu machen. Aber sie hat ihren Teil zu dieser Entwicklung beigetragen. Gut gemeint ist eben noch lange nicht gut gemacht!

Wie kann unter den Bedingungen der Weltunordnung im 21. Jahrhundert überhaupt noch Außen- und Sicherheitspolitik betrieben werden? Zunächst einmal gilt es, sich von allen Vorstellungen einer globalen oder regionalen Blaupause, die zu Stabilität, Friedfertigkeit und Verrechtlichung der internationalen Beziehungen führt, zu verabschieden. In Zeiten, in denen selbst die einfachsten Parameter für Außen- und Sicherheitspolitik nicht beständigem, sondern erratischem Wandel unterliegen, ergeben große Strategien nicht nur keinen Sinn, sondern sind in letzter Konsequenz auch unproduktiv, weil sie den Akteuren, die sie entwickeln, und auch den Gesellschaften, an die sie sich richten, suggerieren, dass man – wenn man es denn nur klug anstellte – in der Lage wäre,

Stabilität und Ordnung mit einem einzigen großen Wurf zu verwirklichen.

Wenn man sich von solchen Vorstellungen verabschiedet, öffnet dies nicht nur den Blick für die Realitäten internationaler Politik des 21. Jahrhunderts, sondern auch für die Möglichkeiten, unter den gegebenen Umständen eine realistische Politik zu betreiben. Eine solche Politik müsste zunächst einmal anerkennen, dass sie unter den Bedingungen eines anarchischen internationalen Systems stattfindet, in dem es keine den Staaten übergeordnete Zwangsgewalt gibt. Dieses Faktum bewirkt, dass Konflikte zwischen Staaten ein beständiges Merkmal der internationalen Beziehungen sind. Da sich Staaten auf keine höhere Autorität im internationalen System verlassen können, die sie beschützt, müssen sie den Schutz ihrer Souveränität und territorialen Integrität selbst organisieren. Die Sicherstellung staatlichen Überlebens erfolgt primär über den Aufbau von Machtmitteln. Da Sicherheit aber nur relational betrachtet werden kann, bedeutet die Sicherheit des einen immer, dass jemand anderes sich unsicherer fühlt und sich darum bemühen wird, diesen Nachteil auszugleichen. Der Kampf um Macht in Form von Macht- und Gegenmachtbildung ist daher charakteristisch für das internationale System. Diesen Zusammenhang zu verwischen, indem man die Welt in Gut und Böse einteilt und dieses Prinzip nur bei den Bösen am Werk glaubt, führt zu gefährlichen Fehlwahrnehmungen, die für die Stabilität des Systems kontraproduktiv sein können.

Ferner muss eine realistische Politik anerkennen, dass es auf einer philosophischen Ebene zwar universelle Werte gibt, deren Verbreitung wir uns alle wünschen, dass der Versuch, diesen aktiv zur Durchsetzung zu verhelfen, für Stabilität und Sicherheit aber durchaus kontraproduktiv sein kann. Neue Ordnungen sind immer als gerechter für alle «verkauft» worden. «Gerechtigkeit» als Kategorie der internationalen Politik läuft immer Gefahr, letztlich nur den partikularen Vorstellungen mächtiger Staaten zu dienen. Sie ist dann eine «Maske der Mächtigen»,[3] die die Wahrung eigener Interessen bemäntelt.[4]

Eine Ordnung, die auf westlichen Werten basiert, ist so voraussetzungsreich, dass sie viel Zeit braucht, um sich zu entwickeln. Versuche, dies zu erzwingen oder von außen zu beschleunigen, sind bestenfalls naiv. Den westlichen Werten ist weitaus mehr gedient, wenn man sich auf ihre natürliche Anziehungskraft verlässt und ihre Verbreitung befördert, indem man lediglich Kooperation und Austausch ermöglicht. Der Westen hat nicht die Mittel, dem Rest der Welt seine Ordnung aufzuzwingen, auch wenn das viele Kreuzritter des Guten nicht wahrhaben wollen. Eine realistische Außen- und Sicherheitspolitik bedeutet also zunächst einmal, die gegebenen Bedingungen zu akzeptieren und nicht länger einem Traumbild der liberalen Weltordnung hinterherzujagen.

Und dies heißt im 21. Jahrhundert zuvorderst, dass man sich von den großen Strategien verabschieden muss. Pläne, wie die Welt zu ordnen sei, wie sicherheits- und außenpolitisches Handeln über einen langen Zeitraum zu erfolgen habe, sind nur sinnvoll, wenn die Parameter, unter denen dieses Handeln erfolgen soll, stabil und berechenbar bleiben. Das 21. Jahrhundert hingegen wird dadurch gekennzeichnet sein, dass man das Unerwartete erwarten muss und dass keine großen Strategien für eine stabile Ordnung in der internationalen Politik entwickelt werden können. Es wird kein gesichertes Wissen über zukünftige Entwicklungen geben. Glaubt man in dem einen Moment, dass asymmetrische Konflikte die Sicherheitspolitik des 21. Jahrhunderts bestimmen werden, kehrt der klassische zwischenstaatliche Krieg erneut auf die Bühne der Weltpolitik zurück. Strategische Überraschungen und Unvorhersagbarkeit von Entwicklungen werden in Zukunft die Rahmenbedingungen für außen- und sicherheitspolitisches Handeln darstellen. Dies ist eine der zentralen Lehren aus den vergangenen 30 Jahren. Diesen Trend mag man bedauern, umkehren lässt er sich jedoch nicht.

Wenn aber langfristiges und nachhaltiges Handeln kaum noch möglich ist, dann bedeutet eine realistische Außen- und Sicherheitspolitik zuvorderst, dass sie selektiv und in Koalitionen der Willigen erfolgen muss. Selektiv bedeutet in diesem Fall für einen Staat wie die Bundesrepublik Deutschland, dass er sein Handeln strikt an seinen eigenen Interessen ausrichten muss. Weder Bündnissolidarität noch eine wie auch immer empfundene Verantwortung für die Aufrechterhaltung globaler Stabilität sind unter den hier skizzierten Bedingungen geeignet, primäre Ziele deutscher Außenpolitik zu sein. Die Einsicht in die Begrenztheit der eigenen Fähigkeiten, im globalen Maßstab Ordnung zu stiften, wo keine Ordnung herrscht, wäre ein erster, wichtiger Schritt. Nicht jeder Konflikt in jeder Ecke dieser Welt ist einer, der deutsche Interessen direkt berührt. Demzufolge gibt es auch keinerlei Notwendigkeit, sich überall mit eigenen Mitteln zu engagieren. In einigen Fällen, dort wo es sich z. B. um ein Engagement in anderen Kulturkreisen handelt, kann eine solche direkte Beteiligung auch kontraproduktiv für deutsche Interessen und deutsche Sicherheit sein. Selektiv bedeutet zwar, sich aus Konflikten herauszuhalten, die nicht im unmittelbaren Interesse liegen, jedoch nicht, andere nicht dazu zu ermutigen, eine aktive oder aktivere Rolle bei der Beilegung solcher Konflikte zu übernehmen. Denn oftmals sind regionale Nachbarn eher in der Lage, eine konstruktive Rolle zu spielen.

Was dabei im konkreten Fall als nationales Interesse definiert wird, obliegt konstanten und veränderbaren Faktoren. Konstante Faktoren resultieren aus der geopolitischen Lage der Bundesrepublik als Zentralmacht Europas. Jede Entwicklung, die geeignet ist, die Sicherheit und Stabilität Europas zu gefährden, ist eine unmittelbare Bedrohung deutscher Interessen. Konstant ist auch das Faktum, dass die Bundesrepublik Deutschland von der Lieferung von Rohstoffen abhängig ist. Jede Entwicklung, die in letzter Konsequenz dazu führen könnte, dass für die deutsche Industrie essenzielle Rohstoffe nicht mehr geliefert werden können oder nicht mehr verfügbar sind, gefährdet das vitale Interesse der Bundesrepublik Deutschland an Wohlstand und Prosperität. Veränderbare Faktoren ergeben sich dagegen aus den jeweiligen konkreten politischen Lagen, in denen sich die Bundesrepublik befindet. Sie können nicht a priori bestimmt werden, sondern sind das Ergebnis des konkreten politischen und gesellschaftlichen Diskurses.

Selektiv zu handeln, heißt aber auch anzuerkennen, dass es Konflikte und Entwicklungen gibt, die man als Bundesrepublik Deutschland nicht beeinflussen kann. So sind etwa alle Versuche, am territorialstaatlichen Prinzip in Teilen Afrikas festzuhalten, bislang gescheitert, und meine Prognose wäre, dass solche Versuche künftig auch im Mittleren und Nahen Osten scheitern werden. Man kann sich seitens der Bundesrepublik und der internationalen Staatenwelt durchaus auf den Standpunkt zurückziehen, dass man Sezessionismus, wenn er denn stattfindet, völkerrechtlich ignoriert. Gewonnen hat man durch solch eine Politik jedoch wenig. Sinnvoller wäre es zu fragen, ob man Entwicklungen, die ohnehin nicht aufzuhalten oder umzukehren sind, politisch und ökonomisch (im Extremfall auch militärisch) begleitet, um wenigstens einen gewissen Einfluss auf die Entwicklungen nehmen zu können.

Was das zweite Element, das eine realistische Politik im 21. Jahrhundert ermöglicht, anbetrifft, das Handeln in Koalitionen, so gilt es seitens der deutschen Politik anzuerkennen, dass eine grundlegende Reform globaler Institutionen, die zugleich deren Kern (ein liberales Verständnis von internationaler Politik) erhält, unmöglich ist. Die Bundesrepublik sollte sich von ihrem Traum einer immer weiter fortschreitenden Verrechtlichung der internationalen Politik verabschieden. Es gab gute und legitime Gründe, warum sich die 1949 aus der Taufe gehobene Bundesrepublik nach den nationalsozialistischen Machtexzessen einer internationalen Ordnung verschrieb, in der die Stärke des Rechts das Recht des Stärkeren ablösen sollte. Aber schon ein Blick in die Vergangenheit zeigt, dass die Großmächte das Völkerrecht stets als ein Instrument benutzt haben, um kleinere Staaten zu disziplinieren, sich selbst aber nur allzu oft über dieses stellten. Solange Deutschland im Ost-West-Konflikt fest in die Strukturen der westlichen Welt unter Führung der USA eingebunden war, wirkte sich dieses in seiner außenpolitischen Doktrin angelegte Spannungsverhältnis nicht weiter aus. Im Gegenteil, oftmals konnte sich Deutschland einem seitens der USA oder Großbritanniens gewünschten stärkeren Engagement in internationalen Konflikten mit Verweis auf das Völkerrecht entziehen, ohne dass dies zu grundlegenden Zerwürfnissen mit der amerikanischen Schutzmacht geführt hätte. Im 21. Jahrhundert ist eine solche Politik jedoch nicht mehr sinnvoll. Dies bedeutet aus deutscher Sicht, dass sich eine realistische Politik für das 21. Jahrhundert von der Fessel des selbstverordneten völkerrechtlichen Dogmas lösen muss. Bis heute geht der erste Gedanke deutscher Außen- und Sicherheitspolitik dahin zu fragen, ob ein bestimmtes Handeln völkerrechtlich legitim ist. Wenn es dies nicht ist, dann versteckt sich deutsche Außen- und Sicherheitspolitik gern hinter dem Argument, dass Handeln nicht möglich sei. Völkerrecht und völkerrechtkonformes Handeln sind wichtig, dies steht außer Frage, aber Völkerrecht ist ein nachvollziehendes Recht, dass das, was ohnehin schon geschieht, in völkerrechtlich verbindliche Normen gießt. Da die traditionellen Bindungen der Bundesrepublik (wie z. B. zu den USA) am Erodieren sind, bedeutet das Festhalten am völkerrechtlichen Dogma auch, dass das Schicksal Berlins weiterhin nur zum Teil in Berlin entschieden wird. Außer im Falle eines direkten Angriffes auf das Territorium der Bundesrepublik Deutschland, der mit Blick auf das Recht zur individuellen und kollektiven Selbstverteidigung jeden Staat dazu ermächtigt, ohne vorhergehende Anrufung des Sicherheitsrates der Vereinten Nationen Gegenmaßnahmen zu ergreifen, unterwirft die Bundesrepublik Deutschland

ihre Entscheidungen zum militärischen Eingreifen dem möglichen Veto (oder positiv ausgedrückt der möglichen Zustimmung) jedes der fünf ständigen Mitgliedsstaaten des UN-
Sicherheitsrates. Souverän sieht anders aus!

Es gilt gleichzeitig anzuerkennen, dass die beiden Pfeiler
deutscher Außen- und Sicherheitspolitik (EU und NATO)
nachhaltig an Bedeutung verloren haben, weil das ihnen zugrunde liegende Prinzip der Einstimmigkeit nach der Erweiterung beider Institutionen nur noch im Angesicht einer
überragenden Bedrohung in der Lage ist, substanzielle Entscheidungen herbeizuführen und effektives Handeln kollektiv
zu organisieren. Zwar stellen sich NATO und EU während
des laufenden Krieges gegen die Ukraine gegenwärtig als einheitlich handelnde und entschiedene Akteure dar, aber man
muss keine Glaskugel haben, um zu sehen, dass, je länger dieser Krieg dauern wird und je mehr er sich zu einem Stellungs-
und Abnutzungskrieg entwickeln wird, die Risse in beiden
Institutionen deutlicher zu Tage treten werden. Auf der einen
Seite jene, die eine konsequente Politik der Härte gegenüber
dem russischen Imperialismus verfolgen wollen und auf der
anderen Seite, die Staaten, die langfristig eine Art von «fried-
licher Koexistenz» mit Russland anstreben.

Eine realistische Politik für das 21. Jahrhundert würde bedeuten, die Formen des Handelns, die sich nicht nur (aber vor
allem) im Bereich der Außen- und Sicherheitspolitik in den
vergangenen Jahren zunehmend etabliert haben und in denen
die Bundesrepublik auch oftmals eine aktive Rolle eingenom-
men hat (eher im außen- als im sicherheitspolitischen Bereich), positiv zu würdigen und sie als das anzuerkennen, was
sie sind: den Bedingungen des internationalen Systems angemessene Kooperationsformen. Dies bedeutet jedoch nicht,
dass diese Formen der Kooperation auch immer erfolgreich
waren oder sein werden. Aber sie sind fast die einzigen Formen der Kooperation, die es ermöglichen, konkurrierende
Staaten zu einer gemeinsamen Politik zu bewegen, und in de-

nen, wenn es Einigkeit gibt, entschlossenes und machtvolles Handeln möglich ist.

Die Welt des 21. Jahrhunderts ist in Unordnung. Ordnung wird sich weder auf der globalen Ebene noch in weiten Teilen dieser Welt regional einstellen. Dies ist das Hauptargument des vorliegenden Buches. Fehlende Ordnung bedeutet aber nicht notwendigerweise Chaos, wenn man lernt, sich auf die gegebenen Bedingungen einzustellen. Sie bedeutet lediglich Unberechenbarkeit, Unübersichtlichkeit, Überraschung und vor allem Nichtplanbarkeit. Sie zwingt alle Akteure (Staaten, aber auch private Akteure) dazu, einen 360-Grad-Blick beizubehalten, auf alles vorbereitet zu sein und ständig in der Erwartung zu handeln, dass sich alles von heute auf morgen radikal ändern kann.

Unordnung bedeutet auch nicht, dass man alle Versuche, Ordnung zu stiften, sein lassen soll. Das vorliegende Buch ist auch als Plädoyer dafür zu verstehen, dass man punktuell durchaus Ordnung schaffen und Stabilität herstellen kann, wenn man realistische Ziele verfolgt. Diese realistischen Ziele sollen zuvorderst darin bestehen, nicht immer und überall den Versuch zu unternehmen, partikularistische, westliche Vorstellungen über Politik und gutes Regieren durchzusetzen, sondern Handeln primär in Koalitionen der Willigen und Fähigen zu betreiben.

Dies ist – und dies sei abschließend nochmals betont – nicht als Allheilmittel zu verstehen; aber es ist die einzige Form, im 21. Jahrhundert zumindest partiell Stabilität zu produzieren.

Zeitenwende. Auf dem Weg zu einer neuen Ordnung?

Das spürbare Aufatmen, das man von Peking bis Lissabon vernehmen konnte, als am 20. Januar 2021 Joseph «Joe» Robinette Biden zum 46. Präsidenten der Vereinigten Staaten vereidigt wurde, sollte alsbald einem gewaltigen weltpolitischen Schock weichen. Die vierjährige Amtszeit von Donald J. Trump hatte die internationale Politik kräftig durchschüttelt. In Europa war man beständig in Sorge, der US-Präsident könne die amerikanischen Sicherheitsgarantien für die europäischen NATO-Mitglieder für obsolet erklären oder gar aus der NATO austreten. Gegenüber China ging die Trump-Administration auf maximalen Konfrontationskurs, indem sie einen Wirtschaftskrieg vom Zaun brach und auch zunehmend die militärischen Muskeln gegenüber Peking spielen ließ. Und gegenüber Russland verfolgte Trump eine Politik, die durch eine offensichtliche Faszination des amerikanischen Präsidenten für den autokratischen Herrscher im Kreml gekennzeichnet war.

Die nicht anders als erratisch zu bezeichnende Politik Trumps wurde allerdings durch die internen checks and balances des amerikanischen Systems abgemildert. Relativ früh verlor die Fraktion «radikaler Nationalisten» um Personen wie Steve Bannon, General Michael Flynn sowie Sebastian Gorka, ihren Einfluss auf den Präsidenten in Fragen der Außen- und Sicherheitspolitik und schied alsbald aus der Administration aus. Es blieb hingegen die Fraktion der «liberalen Internationalisten» um Verteidigungsminister James N. Mattis, den nationalen Sicherheitsberater Herbert Raymond «H. R.» McMaster sowie den Stabschef des Weißen Hauses, John F. Kelly. Diese drei Ex-Generäle bildeten lange Zeit zusammen mit dem Schwiegersohn des amtierenden Präsidenten, Jared Kushner, das außen- und sicherheitspolitische Rückgrat der Administration. Sie alle einte der Glaube daran, dass die globale Rolle der USA u. a. von einem starken Militär abhängt, das jederzeit einsetzbar ist. Doch auch diesem Quartett gelang es nur bedingt, die erratischen Äußerungen des Präsidenten, die dieser zumeist über Twitter verbreitete, einzudämmen, bzw. ihre Folgen in den Griff zu bekommen. Zu einer Wende in Trumps außen- und sicherheitspolitischer Einstellung mag sicherlich auch der Kongress der USA beigetragen haben. Beide Kammern (aber insbesondere der Senat) sind in vielen außen- und sicherheitspolitischen Fragen sehr mächtig, und so schafften es führende Außen- und Sicherheitspolitiker aus beiden Häusern immer wieder, den Präsidenten daran zu erinnern, dass er in vielen Fragen ihre Unterstützung brauchte.

Die Kakophonie, die der Rest der Welt seit Trumps Wahl aus Washington hörte, trug nicht nur dazu bei, die seit langem zu beobachtende Unordnung im internationalen System zu vergrößern, sondern verstärkte auch die ohnehin schon sichtbaren zentrifugalen Tendenzen. Die Verunsicherung, die die Wahl Donald Trumps global hervorgerufen hatte, machte daher auch vor Europa nicht halt. Bereits am Tag nach der Wahl Trumps rief insbesondere die US-amerikanische Presse die deutsche Bundeskanzlerin Angela Merkel zur Führerin und Bewahrerin der «freien Welt» aus. Nur sie, so lautete das Argument, könne jetzt die liberale Weltordnung vor ihrem endgültigen Zerfall bewahren. Dieses Argument war aus zwei Gründen unsinnig. Zum einen war die liberale Weltordnung bereits vor der Wahl Donald Trumps in Auflösung begriffen. Die Wahl des New Yorker Immobilienmoguls mag diese Entwicklung beschleunigt haben, ursächlich dafür war sie jedoch nicht. Und zum zweiten ist es völlig absurd, einer globalen Mittelmacht wie der Bundesrepublik Deutschland die Rolle eines Hegemons der «westlichen» Welt zuzuweisen. Würde die Bundesrepublik so vermessen sein, diese Rolle anzunehmen, was die Kanzlerin natürlich vermied, so würde sie nicht nur mit Gegenmachtbildungstendenzen ihrer europäischen Nachbarn konfrontiert werden, sondern auch im globalen Maßstab in einer Gewichtsklasse boxen, die weit über der eigenen läge. Und wie in einem echten Boxkampf wären die Folgen des zu erwartenden KO-Schlages für die Gesundheit des Mittelgewichts fatal. Aber der Ruf der Presse nach einem Wächter der liberalen Weltordnung zeigte auch, wie wenig in der Vergangenheit begriffen wurde. Denn der Widerstand gegen ebendiese liberale Weltordnung, der sich global beobachten lässt, speist sich aus zwei Quellen. Zum einen aus der aktuellen Politik, die die führenden Mächte dieser Weltordnung nach dem Ende des Ost-West-Konflikts betrieben haben, zum anderen – und dies ist das Faktum, das nicht ausreichend Berücksichtigung findet – aus den Prinzipen der liberalen Weltordnung selbst. Der Austausch eines «Führers der liberalen Welt» durch einen anderen würde am Widerstand gegen die fundamentalen Prinzipien dieser Ordnung nichts ändern.

Die Anfänge der Biden-Administration wurden unter den liberalen Demokratien auf der Welt und insbesondere in Europa als Möglichkeit für einen substantiellen Neuanfang interpretiert, eine Rückkehr zum altbekannten und behaglichen Multilateralismus in der internationalen Politik. Man hängt noch immer der Vorstellung nach, dass die liberale Weltordnung von 1945 irgendwie zu retten sei. Er, der Westen, hat nur keine Ahnung, wie das geschehen soll. Und er verweigert sich der Einsicht, dass seine Fundamente von innen erodieren.

Auch die ersten Äußerungen der Biden-Administration machten indes deutlich, dass die Fokussierung auf China als der für die USA bedrohlichsten Macht sich – genauso wie bei den Vorgänger-Administrationen Trump und Obama – nicht substantiell ändern würde. Das wurde zwar in Europa vernommen aber in seiner Bedeutung für die transatlantischen Beziehungen nicht in ihrer Gänze verstanden. Und dass sich an der grundlegenden Schwäche der liberalen Weltordnung nichts Substantielles geändert hat, wurde erst gar nicht thematisiert. Wurde unter Trump allerorten diskutiert, dass Europa strategisch autonom werden müsse, weil man sich auf die USA als Verbündeten nicht mehr dauerhaft verlassen könne, so ebbte diese Debatte vielerorts mit dem Amtsantritt Joe Bidens wieder ab. Dabei gilt auch unter dem 46. Präsidenten der Vereinigten Staaten von Amerika: Das einende Band zwischen Europa und den USA wird immer schwächer, und die USA schauen auf Europa «nur» noch durch eine Kosten-Nutzen-Brille. Wenn Europa nicht das liefert, was die USA wollen, sind die USA nicht mehr bereit, Europas Sicherheit zu garantieren. Diese offen vertretene Haltung führte unter Trump zu zwei paradoxen Effekten. Zum einen dazu, dass innerhalb der NATO alle europäischen Staaten bereit waren, mehr für ihre Verteidigung auszugeben. Zum anderen aber, außerhalb der NATO, dass die Debatte um eine eigenständigere Sicherheitspolitik im Rahmen der EU erneut an Fahrt aufnahm. Aus Sicht einiger Europäer sind die USA kein zuverlässiger Verbündeter mehr, sondern nur noch ein Partner unter vielen. Die Frage nach mehr strategischer Autonomie Europas von den USA kollidiert aber mit der Europamüdigkeit und Skepsis der Bürger der EU-Mitgliedsstaaten. Es gibt mehrheitlich keine Zustimmung zu mehr Europa, außer in verteidigungspolitischen Fragen. Unter Biden wurde das Projekt der größeren weltpolitischen Eigenständigkeit aufs Eis gelegt. Zu groß war der Wunsch nach einer Rückkehr in die gute alte Zeit, mit der USA als Führungsmacht, die für den Schutz und die Sicherheit Europas bereit ist, hohe politische, militärische und ökonomische Kosten zu zahlen. Die Hoffnung, dass die internationale Politik nach der Abwahl Trumps nun wieder in ruhigere Fahrwasser geraten würde, erwies sich jedoch alsbald als trügerisch.

Der Morgen des 24. Februar versetzte viele Beobachter der internationalen Beziehungen, aber auch die politisch Verantwortlichen in den meisten Hauptstädten der EU und NATO-Mitgliedsstaaten in eine Art Schockzustand. Das Undenkbare wurde Realität. Zum ersten Mal seit dem 1. September 1939 wurde auf europäischem Boden ein Angriffskrieg vom Zaun gebrochen. In den Wochen zuvor hatten die USA und die Staaten der Europäischen Union noch durch eine Art Shuttle-Diplomatie versucht, den russischen Staatspräsidenten Wladimir Putin, der seit Sommer 2020 nach und nach mehr als 190 000 Mann an der Grenze zusammengezogen hatte, von dem geplanten Überfall auf die Ukraine abzuhalten. In immer kürzeren Abständen waren Staatsoberhäupter, Regierungschefs und Diplomaten zwischen Moskau, Kiew und den westlichen Hauptstädten hin und her geflogen, hatten Putin an seinem langen Tisch gegenübergesessen. Doch es war alles vergeblich gewesen.

Für viele kam der Einmarsch unerwartet. Aber warum eigentlich? Bereits im Dezember 2021 hatte die Russische Föderation der NATO und den USA ihre Forderungen für einen Abzug der in der russisch-ukrainischen Grenzregion versammelten Truppen übermittelt. Darin hatte sie nicht mehr und nicht weniger gefordert als die Neutralisierung der Ukraine, den Rückzug von NATO-Truppen hinter die Grenzen von 1997, die Rückabwicklung der NATO-Osterweiterung, den Verzicht auf zukünftige Erweiterungen sowie einen umfassenden Rückzug von US-Truppen aus Zentral-, Ost- und Südosteuropa sowie aus dem Baltikum. Alles Forderungen, die aus Sicht der USA und ihrer Verbündeten inakzeptabel waren. Und dennoch «glaubten» viele in den europäischen Hauptstädten lange nicht daran, dass der russische Präsident tatsächlich einen Angriff befehligen werde. Diese Fehleinschätzung hängt eng mit einigen liberalen Illusionen zusammen, von denen in diesem Buch des Öfteren die Rede war.

Zum einen die Illusion, dass große Kriege im 21. Jahrhundert zunehmend unwahrscheinlich werden, weil sie für den Angreifer ökonomisch zu kostspielig sind. Dieser Glaube ist in zweifacher Hinsicht bemerkenswert, denn zum einen haben die Kriege der USA und ihrer Verbündeten in den letzten 30 Jahren deutlich gemacht, dass ebendiese durchaus bereit waren, Unsummen für die Durchführung von Kriegen aufzuwenden (Irak und Afghanistan) und zum anderen, weil eine solche Sichtweise die Autonomie des Politischen negiert und das Primat der Ökonomie in den Vordergrund stellt. Aus einem ökonomischen Blickwinkel stimmt es natürlich, dass Kriege sich in aller Regel nicht lohnen, insbesondere territoriale Eroberungskriege nicht. Alleine die Belastungen des russischen Staatshaushaltes, die durch die Annexion der Krim jährlich entstehen, stützen dieses Argument.[1]

Aber die Behauptung, dass sich territoriale Eroberungskriege nicht lohnen, verkennt zum einen, dass Eroberungskriege durchaus auch ökonomische Vorteile für den Eroberer haben können und dass es in der Wahrnehmung des Aggressors politische Gründe für seinen Eroberungskrieg geben kann, die aus seiner Sicht so wichtig sind, dass er dafür die negativen ökonomischen Konsequenzen in Kauf zu nehmen bereit ist. [2]

Im Falle der Ukraine hat Putin höchstselbst diese Argumente bereits im Sommer 2021 in einem «Aufsatz» dargelegt.[3] Dort erklärte er die Staatlichkeit der Ukraine mehr oder weniger zu einem historischen Fehler, an dem auch die Bolschewiki nicht unschuldig wären, und sprach diesem Staat und seinen Bürgerinnen und Bürgern jegliche eigenständige ukrainische Identität ab. Für Putin ist die Ukraine eine abtrünnige Provinz Russlands. Und so, wie es der Anspruch der chinesischen Staats- und Parteiführung ist, die abtrünnige Provinz Taiwan in das Mutterland zurückzuholen, so ist es Putins Anspruch, die Ukraine als souveränen Staat zu eliminieren bzw. auf den Status eines von Russland kontrollierten oder dominierten Rumpfstaates ohne eigenständigen Zugang zum Meer zurecht zu stutzen. Die Gebiete, die in der Frühen Neuzeit nicht zur Adelsrepublik Polen-Litauen gehörten, somit aus russischer Perspektive «russische Erde» sind, sollen in das Mutterland eingegliedert werden. Für die Verfolgung dieses Zieles ist Putin bereit – so scheint es – fast jeden Preis zu zahlen, da in seiner Vorstellung, die Gewinne aus der «Einverleibung der Ukraine» die zu erwartenden Kosten bei weitem übersteigen.

Selbstredend hat die russische Aggressionspolitik nicht nur ein identitätspolitisches Momentum. Wenngleich es in der Prioritätensetzung der Russischen Föderation den vordersten Platz einnimmt, die Verfestigung einer eigenständigen, von der russischen völlig losgelösten ukrainischen Identität zu verhindern, sind es auch sicherheitspolitische und geostrategische Interessen, die Putin und seine Streitkräfte mit der Aggression gegenüber der Ukraine verfolgen.

Um diese in ihrer Gänze zu verstehen, muss man zum Beginn der militärischen Drohungen Russlands gegenüber der Ukraine zurückgehen. Die ersten Anzeichen für einen möglichen russischen Angriff konnte man bereits nach der russischen Militärübung ZAPAD im Sommer 2020 beobachten, als große Teile der dort eingesetzten Truppen zunächst nicht in ihre Heimatstandorte zurückkehrten, sondern an der russisch-ukrainischen Grenze verblieben. Von diesem Zeitpunkt an begann der systematische Aufbau einer militärischen Drohkulisse, der allerdings noch nicht mit konkreten politischen Forderungen verbunden wurde. Zunächst einmal brachte Putin den belarussischen Diktator Lukaschenko immer stärker in russische Abhängigkeit, der aufgrund der gefälschten Wahlen im Jahr 2020 in schwere innenpolitische Bedrängnis geraten war. Zwar ist die Idee einer belarussisch-russischen Föderation nicht neu und mäandert seit einigen Jahren durch die Presse und die Gespräche zwischen beiden Staaten. Dem belarussischen Diktator gelang es jedoch immer wieder, sich dem Werben des russischen Präsidenten geschickt zu entziehen, ohne ihn dabei zu brüskieren. Mit einer gehörigen Portion Bauernschläue meisterte er lange den Spagat zwischen einer

Annäherung an die EU und der Nähe zu Russland. Als er jedoch die Proteste gegen die gefälschten Wahlen brutal niederschlagen ließ und obendrein noch eine Passagiermaschine illegal zum Landen zwang, um einen belarussischen Oppositionspolitiker zu verhaften, wurde sein Regime seitens der EU mit harten Sanktionen belegt. Lukaschenko veranlasste dies dazu, sich in die völlige Abhängigkeit von Russland zu begeben, um sein innenpolitisches Überleben zu sichern.

Russland nutzte diese Abhängigkeit, um wohl den ersten Test mit Blick auf den bevorstehenden Krieg durchzuführen. Anfang April 2021 brachte das Minsker Regime aus nahöstlichen Drittstaaten Flüchtlinge (zumeist aus Syrien und dem Irak) an die belarussisch-polnische Grenze, um ihnen dort den Grenzübertritt in einen EU-Staat zu ermöglichen. Es ist nicht nachzuweisen, dass dieser Schritt mit dem Schirmherrn im Kreml abgesprochen war. Andererseits ist schwer vorstellbar, dass dies nicht der Fall gewesen ist, zumal ein Teil der Flugrouten aus dem Nahen Osten über Moskau verlief.

Die russische Staatsführung hat sicherlich mit Interesse beobachtet, welche Reaktionen diese Erpressungsstrategie in den Ländern der EU hervorrief. Um den Zustrom an Flüchtlingen zu stoppen, verlangte Minsk eine Aufhebung der EU-Sanktionen gegen das Land. Doch zur Überraschung Minsks und auch Moskaus agierte die EU diesmal anders als während der Flüchtlingskrise von 2015. Anstatt die Flüchtlinge aufzunehmen, unterstützte die EU einheitlich die Politik der polnischen Regierung, die auf Härte setzte und teilweise mit illegalen «push-backs» gegen die Flüchtlinge vorging. Angesichts dieser Reaktion aus den Mitgliedsstaaten der EU brach die belarussische Regierung ihre Politik, «Flüchtlinge als Waffe»[4] einzusetzen, nach nur wenigen Tagen ab.

So wie bei dieser Episode Russland interessiert zuschaute, so war China Zaungast bei den russischen Vorbereitungen für den Angriffskrieg. Während Russland seine Truppen an der Grenze zur Ukraine massierte und unrealistische Forderungen an die USA und die NATO stellte, wird man in Peking aufmerksam beobachtet haben, ob es der Russischen Föderation gelingen würde, den «Westen» zu Zugeständnissen zu bewegen. Wäre dies passiert, so hätte sich hier möglicherweise für China eine Blaupause für den zukünftigen Umgang mit Taiwan ergeben. Obgleich Taiwan bis dato eine implizite Sicherheitsgarantie hatte und sich dadurch von der Ukraine unterschied,[5] wäre ein Einknicken der USA und der NATO gegenüber den russischen Forderungen von Peking als ein zusätzliches Zeichen der Schwäche des Westens interpretiert worden.

Für Peking war das Kräftemessen Russlands mit den USA und der NATO auch Teil der von China bereits seit mehr als einem Jahrzehnt verfolgten Strategie der Multipolarisierung des internationalen Systems. Die anlässlich des Staatsbesuchs von Putin bei Xi am 4. Februar (dem Tag der Eröffnung der olympischen Winterspiele in Peking) zwischen beiden Staaten veröffentlichte gemeinsame Erklärung,[6] erteilt dezidiert jedem universalistischen Anspruch des Westens im Bereich der internationalen Politik eine klare Absage und propagiert als Gegenkonzept eine multipolare Welt auf Basis des Völkerrechts.

Interessant im Zusammenhang mit den Vorbereitungen Russlands für einen Angriffskrieg ist in dieser gemeinsamen Erklärung die Formulierung, dass sowohl Russland wie auch China eine zukünftige Erweiterung der NATO ablehnen. Damit stützt die chinesische Staats- und Parteiführung uneingeschränkt die russische Sichtweise, dass die NATO-Osterweiterung die Sicherheit der Russischen Föderation beeinträchtigen würde, aber auch implizit die russische Forderung nach einer offiziellen Absage an eine mögliche Mitgliedschaft der Ukraine in der NATO. Die gemeinsame Erklärung reiht sich damit ein in den Prozess einer zunehmenden Intensivierung der chinesisch-russischen Beziehungen in den letzten fünf Jahren, der dazu dient, Gegenmacht gegen die Vereinigten Staaten aufzubauen.

Letzten Endes agierte China als der «wichtigste strategische Wegbereiter» (Janka Oertel) für Russland. Ohne die Unterstützung Pekings wäre die Vorbereitung des Angriffskrieges für Russland sicherlich erheblich schwieriger gewesen. Auch nach dem Angriff erweist sich China als Unterstützer dieses Krieges. Hoffnungen, die in westlichen Hauptstädten und unter einigen Beobachtern der internationalen Beziehungen vorgeherrscht haben mögen, dass China angesichts der eher schwachen Performance der russischen Streitkräfte in der Ukraine sowie der zahllosen Kriegsverbrechen auf Moskau moderierend einwirken könnte, haben sich bislang nicht erfüllt. Das Gegenteil ist der Fall. China lässt auf der rhetorischen Ebene kaum eine Gelegenheit aus, die NATO und ihre Osterweiterung als den Hauptverantwortlichen für diesen Krieg zu brandmarken (und damit implizit den russischen Angriff zu rechtfertigen), ist im Globalen Süden diplomatisch und propagandistisch aktiv, um die dortigen Staaten von einer Unterstützung der amerikanisch-europäischen Position abzuhalten und demonstriert seine Verbundenheit mit Russland auch auf einer machtpolitischen Ebene.

So begaben sich chinesische und russische Kampfjets im Mai 2022 gemeinsam in der Asien-Pazifik-Region auf Patrouillenflüge. Dabei kamen sie dem japanischen Luftraum sehr nahe und drangen sogar in den südkoreanischen Luftraum ein. An den Flügen vom Japanischen zum Ostchinesischen Meer waren auch strategische Bomber beteiligt, die potentiell für den Einsatz von Nuklearwaffen geeignet sind. Diese gemeinsamen Flüge waren nicht nur ein Signal, dass China nicht gedenkt, von der Russischen Föderation abzurücken, sondern sie erfolgten auch just an dem Tag, an dem US-Präsident Joe Biden in Japan erwartet wurde, um dort mit den Staats- und Regierungschefs der sogenannten QUAD (Australien, Japan, Indien) zu Konsultationen über den Indo-Pazifik zusammenzukommen. Insofern handelte es sich bei dieser chinesisch-russischen Kooperation um ein vielschichtiges Signal, das

Peking an den Rest der Welt aussendete. Aber China geht momentan noch (?) nicht so weit, dem vom «Westen» nahezu vollständig isolierten und sanktionierten Russland gänzlich zur Seite zu springen, um diesem dabei zu helfen, die internationalen Sanktionen zu umgehen. Denn zum einen ist auch China momentan noch zu schwach, um die in einem solchen Fall zu erwartenden Sekundärsanktionen gänzlich absorbieren zu können, und zum anderen ist die chinesische Staats- und Parteiführung klug genug, sich nicht vollständig an Russland zu binden, um im Falle einer Niederlage der Russischen Föderation in der Ukraine nicht ebenfalls als Verlierer dazustehen und den entsprechenden Schaden zu erleiden.

Aber China nutzt den Ukraine-Krieg auch, um seine eigenen Vorstellungen von internationaler Ordnung, insbesondere im sicherheitspolitischen Bereich, zu befördern. Anlässlich des Boao-Forums, welches am 21. April 2022 stattfand, erläuterte der chinesische Staatschef Xi den anwesenden Teilnehmern seine Vision einer zukünftigen internationalen Sicherheitsordnung. Die Initiative solle dazu beitragen, das Prinzip der unteilbaren Sicherheit aufrechtzuhalten, eine balancierte, effektive und nachhaltige Sicherheitsarchitektur herzustellen und eine Absage an das Prinzip zu erteilen, dass die eigene Sicherheit zu Lasten der Sicherheit anderer hergestellt wird. Als Grundlagen dieser Konzeption definierte Xi Souveränität (von China verstanden als die Nichteinmischung in die inneren Angelegenheiten anderer) und territoriale Integrität.

Außenminister Wang Wenbin machte am Rande des Forums auf einer Pressekonferenz klar, gegen wen sich die Global Security Initiative richtet: gegen die USA. Er nannte sie zwar nicht beim Namen, aber dass er die Notwendigkeit dieser Initiative mit Unilateralismus, Hegemonie und Machtpolitik begründete,[7] lässt keinen anderen Schluss zu. China missachtet die in dieser Initiative formulierten Prinzipien allerdings selbst gegenüber seinen asiatischen Nachbarn. Dass der russische Angriffskrieg auf die Ukraine ebenfalls in einem eklatanten Widerspruch zu den Prinzipien der Global Security Initiative steht, scheint in Peking niemanden ernsthaft zu stören – zumindest wird es nicht klar benannt. Ob sich diese Initiative in der Zukunft zu konkreter Politik weiterentwickelt oder nicht, kann zum gegenwärtigen Zeitpunkt nicht beurteilt werden. Festzuhalten bleibt jedoch, dass China den Ukraine-Krieg für seine eigenen Ziele instrumentalisiert.

Der Krieg hat auch eine weitere liberale Illusion zerstört, nämlich die der zivilisierenden Wirkung von ökonomischen Interdependenzen. Es bestand die Hoffnung, dass autoritäre Staaten sich durch immer engere ökonomische Verflechtungen den liberal-kapitalistischen Systemen innen- und außenpolitisch annähern und eine tendenziell friedensfördernde Politik betreiben, weil die Kosten aggressiver Außenpolitik (insbesondere der Einsatz militärischer Machtmittel) zu hoch sind.

Der Ukrainekrieg hat exakt das Gegenteil zu Tage gefördert. Insbesondere jene europäischen Staaten, die sich in den vergangenen zwei Jahrzehnten extrem abhängig von billigem russischem Gas gemacht haben, sehen sich nicht in der Lage einem Gasboykott im Rahmen der Europäischen Union zuzustimmen, weil dieser massive Konsequenzen für die einheimische Grundstoffindustrie und den Verbraucher nach sich ziehen würde. Also sehen diese Staaten keine andere Alternative, als weiterhin jeden Tag dreistellige Millionenbeträge nach Moskau zu überweisen, um den kriegführenden Staatsapparat zu finanzieren. Zugleich setzen sie sich der beständigen Gefahr aus, dass ihnen Russland «jederzeit» den Gashahn zudrehen könnte, wenn die militärische Unterstützung der Ukraine aus Sicht des Kremls zu weit geht. Aus der gegenseitigen Abhängigkeit, die friedensfördernd und kooperativ wirken sollte, hat sich somit de facto eine einseitige Erpressbarkeit entwickelt.

Was die meisten Staaten, die in den letzten zwanzig bis dreißig Jahren diese Politik verfolgten, vergessen haben, ist nicht, dass Wandel durch Handel per se nicht funktionieren würde oder die Schaffung ökonomischer Interdependenzen grundsätzlich schlecht wäre. Sie haben schlichtweg vergessen, dass eine solche Politik nur dann betrieben werden kann, wenn sie auf der Basis eigener Stärke und des Vorhandenseins eines Alternativplans für den Fall des Scheiterns erfolgt. Und genau dieses fehlende Fundament für eine Politik von «Wandel durch Handel» war es, welches die meisten (west-)europäischen Staaten am Morgen des 24. Februar 2022 so erschreckt hat aufwachen lassen. Denn zum einen wurde ihr Glaube daran zerstört, dass sich Krieg ökonomisch nicht lohnt und Putin nur provozieren wollte, zum anderen aber war man nicht nur militärisch, wie es der Inspekteur des Deutschen Heeres Alfons Mais ausdrückte, «blank». Es gab keinerlei Vorbereitungen für diesen Tag, für das Eintreten des Extremfalls. Die liberale Illusion der friedensfördernden Wirkung ökonomischer Interdependenzen führte nicht nur zur Verkennung der russischen Absichten, sondern auch dazu, dass man sich selbst bei Kriegsbeginn mit einer auf dem Rücken gefesselten Hand wiederfand, wodurch ein schnelles und entschlossenes Vorgehen gegen den Aggressor behindert wurde.

Was der russische Angriff allerdings anfänglich auch bewirkte, war eine beispiellose Stärkung der EU und der NATO. Beide Organisationen, die in den letzten 30 Jahren mehr oder weniger nach ihrer Rolle in der Weltpolitik des 21. Jahrhunderts suchten, fanden sich angesichts der zu Beginn als gemeinsam wahrgenommenen Bedrohung durch den russischen Angriffskrieg und seine potentiellen Konsequenzen für andere Staaten in der geographischen Nachbarschaft Russlands in beeindruckender Weise zusammen.

Die noch vor einigen Jahren als «hirntot» (Emmanuel Macron) gebrandmarkte NATO reagierte umgehend und umfassend und stärkte an der Ost- sowie Südostflanke, im Ostseeraum und auch im Baltikum sofort ihre Abschreckungsmaßnahmen. Die Europäische Union schnürte alleine und in

Zusammenarbeit mit den USA das massivste Sanktionspaket, das nach dem Zweiten Weltkrieg gegen einen Staat verhängt wurde. In beiden Fällen bewahrheitete sich die realistische Erkenntnis, dass Allianzen am besten funktionieren, wenn all ihre Mitglieder eine einheitliche Bedrohungswahrnehmung teilen. Im Falle der NATO bewirkte der russische Angriff sogar, dass zwei neutrale Staaten (Schweden und Finnland) einen Antrag auf Mitgliedschaft stellten.

Damit hat der russische Präsident durch seinen Krieg exakt das Gegenteil von dem bewirkt, was er erreichen wollte. Ging es ihm, wie seine Briefe an die NATO und die USA vom Dezember 2021 zeigten, um eine Schwächung der NATO sowie einen Rückzug amerikanischer Streitkräfte aus fast ganz Europa, bekommt er nun NATO-Truppenpräsenz in fast allen ost- und südosteuropäischen Staaten sowie durch den Beitritt Finnlands eine neue 1350 km lange Grenze mit der NATO.

Für die Allianz hat die Aufnahme Schwedens und Finnlands einige nicht zu unterschätzende Vorteile. Zum einen bekäme sie zwei neue Mitgliedsstaaten, deren Armeen zwar gemessen an ihrer Mannschaftsstärke nicht besonders groß (Finnland 23 000/Schweden 60 000), dafür aber hochmodern ausgerüstet und hochprofessionell in ihrem Agieren sind. Zudem trägt die Mitgliedschaft beider Staaten in der NATO dazu bei, dass die Ostsee zukünftig ein NATO-Binnenmeer wird, da all ihre Anrainerstaaten (mit Ausnahme der russischen Enklave Kaliningrad und dem Ostseehafen Sankt Petersburg) dann NATO-Mitglieder sein werden. Dies wird die russische Marine vor nicht unerhebliche Probleme stellen, da deren Untersee-Kommunikationsverbindungen nun von der NATO im Verteidigungsfall gestört werden können.

Die Vorteile einer Mitgliedschaft Schwedens und Finnlands in der NATO reichen noch weiter. Mit Blick auf eine mögliche Verteidigung der baltischen Staaten vor einer russischen Aggression wäre es der Allianz zukünftig möglich, diese auch über Finnland und Schweden zu organisieren. Bislang musste

die Allianz ihre Verstärkungskräfte durch die sogenannte Su-
walki-Lücke führen, einen relativ schmalen Landstrich (65 km
Luftlinie), der Litauen von Polen trennt und zwischen Kaliningrad und Belarus liegt. Dabei hätten diese Kräfte sowohl
von Kaliningrad wie auch von Belarus unter Beschuss genommen werden können. Nunmehr ist es jedoch möglich, das Territorium Schwedens und Finnlands für diese Verteidigung
ebenfalls zu nutzen. Allerdings haben Schweden und Finnland ihr Beitrittsgesuch zur NATO damit verbunden, dass
keine Nuklearwaffen und keine permanenten Strukturen der
Allianz auf ihrem Territorium stationiert bzw. installiert werden sollen.

Zuletzt bereitet die Mitgliedschaft Finnlands und Schwedens der Logistik des russischen Militärs erhebliche Kopfschmerzen. Es wird vermutet, dass die meisten nuklearbetrie-
benen U-Boote der Nordmeerflotte (die auch Nuklearwaffen
transportieren können) ihre Basen auf Kola haben. Auch die
russische Luftwaffe hat dort Basen für ihre Langstrecken-
bomber. Kola ist eine russische Halbinsel, die an Finnland
grenzt und die nur durch zwei Versorgungswege (eine Straße
und eine Eisenbahnlinie) an Russland angebunden ist. Im
Falle eines Konfliktes zwischen der NATO und Russland
könnte die NATO das finnische Territorium dazu benutzen,
um die Versorgung Kolas durch das russische Kernland zu erschweren oder gar komplett abzuschneiden

Russland hat relativ hilflos auf die Anträge Schwedens und
Finnlands reagiert. Nachdem wochenlang schwere militärische Konsequenzen angedroht wurden, akzeptierten sowohl
Putin wie auch Lawrow das konkrete Ersuchen beider Länder
am 18. Mai 2022 mit Achselzucken. Es sei absehbar gewesen,
dass dieser Schritt erfolgen würde, war der einzige Kommen-
tar, zu dem sich der russische Außenminister hinreißen ließ.
Auf militärischer Ebene kündigte der russische Generalstabs-
chef an, zwölf neue Militärbezirke, alle in der Nähe zu Finnland, zu schaffen, aber woher die entsprechenden Truppen,

die dort stationiert werden sollen, kommen würden, ließ er offen.

Während Russland das Ersuchen auf Mitgliedschaft somit mehr oder weniger schluckte, nutzt es die Türkei, ein seit Jahren problematisches Allianzmitglied, um seine eigene Agenda zu verfolgen, und legte ein Veto ein. Über die türkischen Motive kann zum gegenwärtigen Zeitpunkt nur spekuliert werden, aber sie haben wohl mit handfesten rüstungspolitischen Interessen zu tun. So wurde die Türkei bereits unter der Trump-Administration aus dem F-35-Programm ausgeschlossen, was der türkischen Wirtschaft einen geschätzten Verlust von ca. zehn Milliarden Dollar einbrachte. Grund des Ausschlusses war der türkische Kauf des russischen S-400 Luftverteidigungssystems. In den USA, aber auch bei anderen NATO-Partnern bestand die Befürchtung, dass dieses russische System die Flugabwehr der NATO an ihrer Südostflanke entscheidend schwächen würde und darüber hinaus, dass die S-400-Systeme in der Lage wären, elektronische Daten über die F-35 zu sammeln, einem Flugzeug, das extra zur Überwindung der russischen Flugabwehr konzipiert wurde. Ferner wollen die Türken F-16 in den USA kaufen, was aber bei der Biden-Administration und auch bei den oppositionellen Republikanern hochumstritten ist. Zuletzt verhängte die schwedische Regierung 2019 einen Exportstopp für Waffen in die Türkei aufgrund der türkischen Invasion in Nord-Syrien. Die Türkei nutzt den möglichen Beitritt der beiden nordischen Staaten als Druckmittel, um die USA und Schweden zu einer Revision ihrer Entscheidungen zu bewegen. Da der Beitritt Schwedens und Finnlands auf der Agenda fast aller NATO-Mitglieder sehr weit oben steht, ist die Wahrscheinlichkeit, dass dies der türkischen Politik gelingen wird, recht hoch.

Auch die beispiellose Einigkeit, die die EU in ihrer Sanktionspolitik sowie in der diplomatischen, ökonomischen und auch militärischen Unterstützung der Ukraine an den Tag legte, bröckelt mit zunehmender Kriegsdauer. Insbesondere bei den Fragen von Öl- und Gassanktionen gegen die russische Föderation zeigen sich Risse. Die Staaten, die in einem höheren Maße von russischen Gas- oder Öl-Lieferungen abhängig sind, verweigern sich einem sofortigen Embargo, da sie hohe innenpolitische und ökonomische Kosten befürchten.

Je länger der Krieg in der Ukraine dauern und je stärker er auf einen Abnutzungs- und Stellungskrieg hinauslaufen wird, in dem ein Sieg einer der beiden Seiten nicht abzusehen ist, desto mehr werden die potentiellen Sollbruchstellen zwischen den NATO- und EU-Mitgliedern offen zu Tage treten. Zusätzlich werden die Staaten, die bislang erhebliche Kosten für die Unterstützung der Ukraine aufbringen und jene Staaten, die eher einer pro-russischen Position zugeneigt sind, darauf dringen, dass die Ukraine für die Beendigung dieses Krieges der russischen Föderation territoriale Zugeständnisse machen muss.

Die Gefahr, die mit solchen territorialen Konzessionen an Russland verbunden ist, ist die Tatsache, dass sich Russland als revisionistische Macht in seiner Wahrnehmung bestärkt sieht, durch den Einsatz militärischer Mittel politische Ziele erreichen zu können. Dann wäre es auch nicht ausgeschlossen, dass das Putin-Regime in einem nächsten Schritt (nachdem es seine Streitkräfte neu aufgebaut hat), versucht sein könnte, zu einem späteren Zeitpunkt a) den Rest der Ukraine auch noch militärisch einzunehmen und/oder b) seine militärische Kampagne zukünftig auf all jene Staaten in seiner unmittelbaren Nachbarschaft auszudehnen, die nicht unter dem Schutz des Art. 5 der NATO (kollektive Beistandspflicht) stehen.

Nachdem in den vergangenen Jahren viele Eckpfeiler der europäischen Sicherheit erodiert sind (Aufkündigung des INF-Vertrages und Stationierung russischer Mittelstreckenraketen, Aufkündigung des Vertrages über den freien Himmel, durch die USA bzw. europäische Staaten Nichtratifizierung des angepassten Vertrages über konventionelle Streitkräfte in Europa), tragen der russische Angriffskrieg und die offen geäußerten neo-imperialen Ambitionen der Russischen Föderation zusätzlich dazu bei, die während 77 Jahren mühsam hergestellte und immer sehr fragile Stabilität des europäischen Kontinents auszuhöhlen. In einem Satz zusammengefasst kann man festhalten: ein konventioneller Krieg in Europa unter Beteiligung einer Großmacht ist als Realität auf die Bühne der europäischen Politik zurückgekehrt.

Selbstredend schwingt bei Großmächten im internationalen System neben konventioneller Kriegsführung auch immer die Frage von Nuklearwaffen mit. Seit dem zweiten oder dritten Tag des Krieges hat die Russische Föderation immer wieder nukleare Signale an den Westen gesendet, sich aus diesem Konflikt herauszuhalten. Ob es die Ankündigung der erhöhten Alarmbereitschaft bei bestimmten Teilen der strategischen Streitkräfte war, die Durchführung von Manövern mit nuklearer Komponente oder die beständig von verschiedenen russischen Offiziellen und «Intellektuellen» ausgestoßenen Drohungen der nuklearen Vernichtung bestimmter NATO-Staaten: Die Möglichkeit des Einsatzes nuklearer Waffen in diesem Krieg wird beständig thematisiert. Viele Beobachter halten aus diesen Gründen den Ukraine-Krieg für die gefährlichste Situation in der internationalen Politik seit der Kuba-Krise, einige halten sie sogar für noch gefährlicher.[8]

Obwohl es, wie Präsident Joe Biden in seinem Meinungsbeitrag in der New York Times vom 1. Juni 2022 schrieb,[9] keinerlei Anzeichen dafür gibt, dass Russland tatsächliche Schritte hin zu einer nuklearen Eskalation unternimmt, hängt die Frage, ob die Russische Föderation unter gewissen Umständen diese Waffen dennoch einsetzt, wie ein Damoklesschwert über diesem Konflikt und insbesondere über jenen Staaten, die die Ukraine militärisch unterstützen.

Zum einen schlossen alle NATO-Staaten aus, aktiv in den Krieg einzugreifen, um eine direkte Konfrontation zwischen der Allianz und Russland zu vermeiden. Diese rote Linie, die im Grunde seit dem ersten Tag des Krieges existierte, führte dann auch zu einer Absage an die Ukraine, als diese eine Flugverbotszone über der ganzen Ukraine oder zumindest über Kiew forderte. Die Durchsetzung einer solchen Flugverbotszone durch die NATO hätte unweigerlich Angriffe auf russische Luftverteidigungsstellungen in Belarus und Russland selbst zur Folge gehabt.

Des Weiteren zeigen sich alle NATO-Staaten sehr zurückhaltend, die Belagerung Odessas von der Seeseite her zu beenden. Diese hat zur Folge, dass die Ukraine kaum noch Weizen exportieren kann, so dass drastische Hungersnöte in vielen Teilen der Welt befürchtet werden (der weltweite Anteil der Ukraine am Export von Weizenprodukten betrug in den Jahren 2020/21 8,9 %). Eine solche militärische Operation könnte aber eine direkte Konfrontation mit der russischen Schwarzmeerflotte bedeuten und damit die selbstgesteckte rote Linie der NATO überschreiten.

Auch die Frage der Waffenlieferungen von NATO- und EU-Staaten an die Ukraine wird durch die Brille der Gefahr einer nuklearen Eskalation betrachtet. Insbesondere in der Frage schwerer Waffen (Panzer und Kampfflugzeuge) zeigten sich westliche Staaten zunächst extrem zurückhaltend, da befürchtet wurde, dass die Lieferung solcher Waffen seitens der Russischen Föderation als ein direkter Kriegseintritt von NATO-Staaten gewertet werden und entsprechende militärische Gegenreaktionen zur Folge haben könnte.

Der russische Angriffskrieg gegen die Ukraine hat in einigen europäischen Staaten, allen voran in der Bundesrepublik Deutschland, zu einer Zeitenwende geführt, was den Stellenwert militärischer Sicherheitspolitik angeht. Wurden in Abwesenheit einer umfassenden Bedrohung für die Sicherheit und Stabilität des europäischen Kontinents Streitkräftebudgets, Streitkräftestrukturen und die Ausrüstung von Armeen über Jahrzehnte hinweg vernachlässigt, so wirkte der 24. Februar 2022 wie ein Weckruf für die politisch Verantwortlichen. In der deutschen Debatte fielen binnen 48 Stunden viele liebgewonnene Tabus bundesrepublikanischer Sicherheitspolitik.

So entschied sich die Ampel-Regierung zu Waffenlieferungen an die angegriffene Ukraine, bekannte sich zur nuklearen Teilhabe in der NATO (einem Politikfeld, dem viele in der SPD und bei den Grünen skeptisch gegenüberstanden und von dem viele politische Beobachter in Deutschland eher angenommen haben, dass der Ausstieg aus dieser Teilhabe das eigentliche Ziel der Ampel-Koalition sei). Laut einer am 2. Juni 2022 veröffentlichten Umfrage von Infratest-Dimap sprachen sich 52 Prozent der Befragten für einen Verbleib der taktischen Nuklearwaffen auf deutschem Boden aus. Noch Mitte 2021 befürworteten 57 Prozent der Befragten deren Abzug.[10]

Auch wurde die sehr einseitig auf Dialog und Kooperation mit Russland ausgerichtete Politik der letzten zwanzig Jahre von den Parteien, die sie hauptsächlich betrieben haben (CDU und SPD), als Fehler bezeichnet und als naiv gebrandmarkt. Schlussendlich bekannte sich Bundeskanzler Olaf Scholz in seiner durchaus als historisch zu bezeichnenden Rede am 27. Februar 2022 vor dem Deutschen Bundestag zu dem Zwei-Prozent-Ziel der NATO und kündigte ein Sondervermögen für die Ausrüstung der Bundeswehr in Höhe von 100 Milliarden Euro an.[11]

Ob diese angekündigte Zeitenwende in der deutschen Außen- und Sicherheitspolitik dauerhaft und nachhaltig sein wird oder durch parteipolitisches Taktieren genauso im Schlamm stecken bleiben wird, wie die russischen Streitkräfte zu Beginn des Ukrainekrieges, lässt sich zum gegenwärtigen Zeitpunkt nicht abschließend beurteilen und hängt letztlich auch von dessen Verlauf ab.

Was bedeuten die hier skizzierten Entwicklungen für die übergeordnete Frage des Buches? Leben wir weiterhin in einer Weltunordnung oder bewegen wir uns hin zu einer neuen Ordnung in der internationalen Politik, die durch eine Bipolarität zwischen den USA und China gekennzeichnet sein wird? Könnte dies auch ein gewisses Maß an Stabilität und Berechenbarkeit nach sich ziehen?

Ohne Zweifel ist es das Ziel der chinesischen Staats- und Parteiführung, die gegenwärtige internationale Systemkonfiguration in eine bipolare Konstellation zu überführen, auch wenn alle chinesischen Verlautbarungen von einer Multipolarisierung sprechen. Denn die Bipolarität ist Voraussetzung dafür, dass China den von allen Großmächten im internationalen System präferierten Status anstreben kann: Die stärkste Macht in diesem System zu sein.

Allerdings sind wir von einer solchen Entwicklung noch weit entfernt. Ja, die relative Macht der USA im Vergleich zu der Chinas schwindet, aber China hat nach allen messbaren Indikatoren noch lange keine Parität mit den USA erreicht. Auch die immer stärker werdende russisch-chinesische Allianz hat zwar das Potential, den Vereinigten Staaten und ihren Verbündeten ernsthafte Probleme und Kopfschmerzen zu bereiten, aber an der grundlegenden Asymmetrie, dass sich hier eine absteigende (Russland) an eine aufstrebende (China) Macht bindet, lässt sich nicht rütteln. Dies ist keine Allianz für die Zukunft.

Auf der anderen Seite bleibt es weiterhin Faktum, dass die USA (inklusive ihrer Verbündeten) immer weniger in der Lage sind, ihre Intentionen in der internationalen Politik um- und durchzusetzen. Die Ausstrahlungskraft des liberaldemokratischen Westens mit dem von ihm maßgeblich geschaffenen internationalen System seit 1945 sinkt beständig. Es bleibt also bei einer Weltunordnung, in der die disruptiven Tendenzen zunehmen werden und in der die auf- und absteigenden Mächte sich weiterhin nicht als Manager des internationalen Systems im 21. Jahrhundert verstehen. Es ist sehr wahrscheinlich, dass der Kampf um die Vorherrschaft in den kommenden Jahren an Schärfe deutlich zunehmen wird. «May you live in interesting times» (Mögest du in interessanten Zeiten leben) lautet angeblich ein altes chinesisches Sprichwort. Es ist nicht nett gemeint, wenn man dies zu jemanden sagt. Es ist ein Fluch.

Danksagung

Dieses Buch wäre wohl nie geschrieben worden, wenn nicht eine Vielzahl von Menschen und Institutionen an seiner Entstehung unterstützend mitgewirkt hätten.

Zuvorderst gilt mein Dank der Präsidentin der Universität der Bundeswehr München, Frau Prof. Dr. Merith Niehuss, die mir einen 15-monatigen Forschungsfreiraum gewährte, in dem ich für dieses Buch recherchieren konnte und große Teile des Manuskriptes auch abgefasst habe.

Konzipiert und teils geschrieben wurde dieses Buch während meines Aufenthaltes als Gastprofessor am Department of National Security Affairs der Naval Postgraduate School in Monterey (CA). Die Möglichkeit zu diesem Aufenthalt verdanke ich Dr. Ulrich Schlie, Professor David Yost sowie Prof. Mohammed Hafez. Es gibt kaum einen schöneren Platz auf dieser Welt, um Bücher zu schreiben als Monterey und Pebble Beach (insbesondere das Redwood Café mit seinen Banana-Walnut Muffins).

Eine Vielzahl von Kollegen und Kolleginnen haben Ideen für dieses Buch mit mir diskutiert oder haben Teile des Manuskriptes gelesen und kommentiert. Ihnen allen zu danken würde den angemessenen Seitenumfang dieser Danksagung bei Weitem überschreiten. Deshalb sei stellvertretend für alle, die mir über die Jahre als Gesprächs- oder intellektuelle Sparringspartner zur Verfügung standen, Prof. Dr. Werner Link, Dr. Emily Landau sowie Prof. John Mearsheimer gedankt.

Ein besonderer Dank gilt meiner Familie. Sie machte es mir in den USA und in Deutschland möglich, dass ich immer wieder die Ruhe bekam, an diesem Buch zu arbeiten, dass ich aber auch die notwendige Ablenkung erfahren habe, die es braucht, um den Kopf freizubekommen und nicht gänzlich in der Welt der Unordnung zu verschwinden. Lange Spaziergänge mit Harley, entweder durch die Wälder Nordkaliforniens oder des Bergischen Landes, trugen dazu bei, den Kopf für neue Ideen frei zu bekommen.

Zuletzt sei meinen Mitarbeitern für ihre mannigfaltige Unterstützung bei der Abfassung des Manuskriptes und bei der Recherche gedankt. Ohne die tatkräftige Hilfe von Frank Adler, Benedikt Bäuerlein, Sebastian Enskat, Dr. Susanne Fischer, Henning Halbe, Dr. Luba von Hauff, Phillip Klüfers, Dr. Frank Sauer, Tim Tepel (für alle Daten und Graphiken), Dr. Stefan Plenk, Dr. Sarah Lohmann sowie Dr. Konstantinos Tsetsos wäre dieses Buch nie fertig geworden.

Herrn Dr. Sebastian Ullrich vom Beck Verlag danke ich für die professionelle Betreuung und das exzellente Lektorat. Seine stilistischen, aber auch inhaltlichen Anregungen haben dieses Buch besser gemacht.

Widmen möchte ich dieses Buch meiner Mutter. Für alles!

Anmerkungen

Einleitung

1 Am 9. Oktober 2014 anlässlich einer Diskussionsveranstaltung an der FH Brandenburg. Vgl. https://de-de.facebook.com/FrankWalter-Steinmeier/photos/a.10152961132405486.1073741831.81073125485/10154703478130486/.
2 Laut einer Ende 2014 durchgeführten Umfrage haben 25% aller Deutschen Angst vor einem erneuten Weltkrieg. Vgl. http://www.faz.net/aktuell/gesellschaft/umfrage-jeder-vierte-deutsche-fuerchtet-einen-neuen-weltkrieg-13164003.html.
3 Pape 2009.
4 Haas 2008.
5 Kissinger 2014.
6 MacMillan 2013; Economist v. 21.12.2013; Mead 2013.
7 Sobczyk/Wasilewski 2014.
8 Clark 2013.
9 White 2008: 48–52.
10 Bull 2002: 3–4.
11 Schweller 2014: 11.
12 Schrödinger 1999. In der Wissenschaft wird dieser Zustand auch als Negentropie bezeichnet, als negative Entropie.
13 Schweller 2014: 11.
14 Bull 2002: 7.
15 Karl Popper, zitiert in Hollis 1995: 104.
16 Gaddis 1986.

1. Die Illusionen des Westens

1 Bush 1990.
2 Krauthammer 1990/91.
3 Wohlforth 1999: 38; Brooks/Wohlforth 2008.
4 Kagan 2008: 86; 2012.
5 Keller 2008.
6 Lake 2009: xii; Ikenberry 2008: 24.
7 Jones 2014: 195.
8 Mandelbaum 2005.

9 Kagan 2014.
10 Strange et al. 2013.
11 Patrick 2009: 29.
12 Slaugther 1995: 504.
13 Rawls 1999: 130.
14 Kagan 2008: 98.
15 Daalder/Goldgeier 2006.
16 McCain, 2007: 26.
17 Mearsheimer 2010: 20.
18 Waltz 1988: 42–44.
19 Schmitt 1991: 33.
20 Jäger 2011: 8.
21 Müller 2011: 3–4.
22 Fukuyama 2008.
23 Schweller 2014: 108.
24 Abendschein-Angerschein 2015.

2. Die großen Mächte in der Weltunordnung

1 Deutsch/Singer 1964; Rosecrance 1969; Waltz 1964.
2 Lake 2009: 182–184.
3 Glaser 2010: 190–191.
4 Mearsheimer 2001: Kapitel 10.
5 Treverton/Jones 2005.
6 Die methodische Debatte kann unter http://fparena.blogspot.de/ 2012/06/measuring-military-capabilities.html sowie unter http:// fparena.blogspot.de/2012/09/follow-up-on-measuring-military. html nachgelesen werden.
7 Shambaugh 2013: 306.
8 Posen 2003.
9 Habermas 2008: 160; Bennett/Segerberg 2014; Linden 2015.
10 Nye 2011: 36.
11 Hoffman 2010: 443.
12 Merom 2003.
13 Walt 1987.
14 Link 1988.
15 O'Hanlon 2011.
16 IMF 2014.
17 Nye 2011: 168.
18 Khatib 2013.
19 NSS 2015.
20 NSS 2015: 1, 5.
21 Conze 1995.

22 Gilley 2010.

23 Korteweg 2014.

24 Bond 2014.

25 Mandelbaum 2009.

26 Smith 2012: 113.

27 Yan, zitiert nach Khong 2014: 156.

28 Lieber/Alexander 2005: 134–138.

29 Lieber/Alexander 2005: 139.

30 Friedberg 2011: 144.

31 UN Population Division 2007.

32 Swaine et al. 2013.

33 White 2012: 74.

34 Chinesische Botschaft in Norwegen 2001: 6.

35 Pape 2005: 24.

36 President of Russia 2022.

37 BRIC Press Release 2008.

38 Hagopian 2015.

39 Summers zitiert nach Naß 15. April 2015.

40 Jepperson/Katzenstein/Wendt 1996: 54.

41 Pautasso 2016.

42 Daase 2012.

43 Morse/Keohane 2014.

44 Kirton 2008.

45 Krause 2004.

46 Alvarez 2006: 287.

47 Martin 1992.

48 Bolton zitiert nach Wall Street Journal 2004.

3. Neue Herausforderungen

1 von Trotha 1999: 93.

2 Howard 2010: 1–12.

3 Kupchan 2012: 13–45.

4 Fragile State Index 2021.

5 Sonan 2014.

6 James 2006.

7 Gaub/Pawlak 2013.

8 FAZ 4.2.2016: 5.

9 FAZ 2013.

10 Mearsheimer 2011: 9.

11 van Evera 1994: 27.

12 Croitoru 2016: 12.

13 Shambaugh 2013: 58.

14 Ganguly 2014/15.
15 Huntington 1996: 284.
16 Daase/Kessler 2007.
17 Aoi et al. 2007: 6.
18 Daase/Friesendorf 2010: 9.
19 UNAIDS 2015.
20 Zitiert nach Singer 2002: 146.
21 Bollmann 2015.
22 Hawn 2015; Kofmann/Rojansky 2015.
23 Atilgan 2002.
24 Gyr 2016.
25 Nye 2011: 113.
26 Statista 2021/2022.
27 Gavin 2020.
28 Domo 2021.
29 Nyhan/Reifler/Ubel 2013.
30 Nye 2011: 36.
31 Fallier/Murch/Chien 2011.
32 Sauer 2013.
33 European Council on Foreign Relations 2021.
34 McMahan 2009.
35 Sauer 2014.
36 Fischer 2013.
37 Al-Assad 2011.
38 Rogers 2011.
39 Hansel 2012.

Fazit

1 Naim 2013: 52.
2 Schweller 2014: 57.
3 Pangle/Ahrensdorf 1999: 239.
4 Aron 1966: 95.

Zeitenwende. Auf dem Weg zu einer neuen Ordnung?

1 Nach Schätzungen hat die Annexion der Krim Russland bis heute 3,7 Milliarden US-Dollar gekostet.
2 Liberman 1998.
3 Vgl. die Analyse bei Kappeler 2021, 67–76.
4 Greenhill 2010.
5 Montgomery/Yoshihara 2022.

6 Joint Statement 2022.
7 Zu dem Boao Forum vgl. Rajagopalan 2022.
8 Korb/Cimbala 2022.
9 Biden 2022.
10 ARD-Deutschlandtrend Juni 2022.
11 Scholz 2022.

Literaturverzeichnis

Abendschein-Angerstein, Tanja 2015: Internationale Verrechtlichung, in: Regieren jenseits des Nationalstaats. Informationen zur Politischen Bildung Nr. 325/2015.

Al-Assad, Bashar 2011: Speech of H. E. President Bashar al-Assad at Damascus University on the Situation in Syria (Rede an der Universität Damaskus, 21. Juni 2011), in: https://web.archive.org/web/20111231042020/http://www.sana.sy/eng/337/2011/06/21/353686.htm; 29.04.2016.

Alvarez, Jose 2006: Introductory Remarks, in: Proceedings of the Annual Meeting (American Society of International Law), Vol. 100, S. 287–289.

Aoi, Charles et al. 2007: Unintended Consequences of Peacebuilding Operations, New York/Tokyo/Paris.

Arena, Phil 2013: M Data, unter: https://web.archive.org/web/20170216083424/http://fparena.blogspot.de/2013/03/m-data.html.

ARD-Deutschlandtrend (Juni) 2022: unter, https://www.tagesschau.de/investigativ/panorama/umfrage-atomwaffen-deutschland-101.html.

Aron, Raymond 1966: Peace and War – A Theory of International Relations, Garden City.

Atilgan, Canan 2002: Türkische Diaspora in Deutschland, Hamburg.

Bennett, Lance, W./Segerberg, Alexandra 2014: The Logic of Connective Action: Digital Media and the Personalization of Contentious Politics, Cambridge.

Biden, Joseph 2022: What America will and will not do in Ukraine, in: New York Times v. 1. Juni.

Bollmann, Ralph 2015: Die Völkerwanderung, in: FAZ, 01.11.

Bond, Ian 2014: The challenge to the West: Restoring European deterrence, unter: http://www.cer.org.uk/insights/challenge-west-restoring-european-deterrence#sthash.Gbx9UGIr.dpuf.

Brecht, Bertold 1960: Mutter Courage und ihre Kinder. Eine Chronik aus dem Dreißigjährigen Krieg, in: Brecht. Ein Lesebuch für unsere Zeit, hg. Walther Victor, Weimar.

BRIC Press Release 2008: Meeting of BRIC Foreign Ministers, 26. September 2008, unter: http://www.brics.utoronto.ca/docs/080925-foreign.html.

Brooks, Stephen, G./Wohlforth, William C. 2008: World Out of Balance:

International Relations and the Challenge of American Primacy, Princeton.

Buchanan, Allen/Keohane, Robert O. 2004: The Preventive Use of Force: A Cosmopolitan Institutional Proposal. Ethics and International Affairs 18 (1), S. 1–22.

Bull, Hedley 2002: The Anarchical Society: A Study of Order in World Politics, Third Edition, New York.

Bush, George H. W. 1990: Address Before a Joint Session of Congress, 11. September, unter: http://millercenter.org/president/bush/speeches/speech-3425.

Clark, Christopher 2013: Die Schlafwandler. Wie Europa in den Ersten Weltkrieg zog, München.

Conze, Eckhard 1995: Die gaullistische Herausforderung. Deutschfranzösische Beziehungen in der amerikanischen Europapolitik, München.

Croitoru, Joseph 2016: Widerherstellung nationaler Identität, in: FAZ, 12.02., S. 12.

Daalder, Ivo/Goldgeier, James 2006: Global NATO, in: Foreign Affairs 85 (5), S. 105–113.

Daase, Christopher 2012: Coercion and the Informalization of Arms Control, in: Meier, Oliver/Daase, Christopher (Hrsg.), Arms Control in the 21st Century. Between Coercion and Cooperation, London, S. 67–78.

Daase, Christopher/Friesendorf, Cornelius 2010: Rethinking Security Governance. The Probem of Unintended Consequences, London.

Daase, Christopher/Kessler, Oliver 2007: Knowns and Unknowns in the War on Terror: Uncertainty and the Political Construction of Danger, in: Security Dialogue, 38: 4, S. 411–434.

Deutsch, Karl W./Singer, J. David 1964: Multipolar Systems and International Stability, in: World Politics, Vol. 16, No. 3, S. 390–406.

Economist 2008: A worrying new world order, 11.09., S. 3.

Economist 2013: Look back with Angst, 21.12., S. 1.

European Council on Foreign Relations 2021: The Power Atlas: Military 3, Military Drones, unter: https://ecfr.eu/special/power-atlas/military/#&gid=2&pid=1.

Falliere, Nicolas/Murchu, Liam O./Chien, Eric 2011: W32.Stuxnet Dossier (Symantec, Version 1.4., 11. Februar 2011), in: https://www.symantec.com/content/en/us/enterprise/media/security_response/whitepapers/w32_stuxnet_dossier.pdf; 29.04.2016.

Fassbender, Bardo 2004: Die souveräne Gleichheit der Staaten – ein ange-
   fochtenes Grundprinzip des Völkerrechts, in: Aus Politik und Zeitge-
   schichte B43, unter: http://www.bpb.de/apuz/28 034/die-souveraene-
   gleichheit-der-staaten-ein-angefochtenes-grundprinzip-des-
   voelkerrechts?p=all.
FAZ 2013: Regierungschef verrät, wieviel Wachstum China braucht, 05.11.
FAZ 2016: Irakische Kurden kündigen Unabhängigkeitsreferendum an,
   04.02.
Ferguson, Niall 2004: Colossus. The Rise and Fall of the American Empire, London.
Fischer, Marc 2013: Syrian Hackers Claim AP Hack that Tipped Stock
   Market by $ 136 Billion. Is it Terrorism? (Washington Post, 23. April
   2013), in: https://www.washingtonpost.com/news/worldviews/wp/
   2013/04/23/syrian-hackers-claim-ap-hack-that-tipped-stock-
   market-by-136-billion-is-it-terrorism/; 29.04.2016.
Friedberg, Aaron L. 2011: A Contest for Supremacy: China, America
   and the Struggle for Mastery in Asia, New York.
Fukuyama, Francis 1992: Das Ende der Geschichte. Wo stehen wir?,
   München.
Fukuyama, Francis 2008: They can only go so far, in: Washington Post v.
   24. August.
Fund for Peace 2021: Fragile States Index Annual Report 2021, Washington D.C.

Gaddis, John Lewis 1986: The long peace: elements of stability in the
   postwar international system, in: International Security Vol. 10, No. 4,
   S. 99–142.
Ganguly, Sumit 2014/2015: Hindu Nationalism and the Foreign Policy
   of India's Bharatiya Janata Party, Washington.
Gaub, Florence/Pawlak, Patryk 2013: Sykes-Picot and Syria, Paris.
Gavin, Lewis 2020: Google's Data Footprint Will Blow Your Mind,
   unter: https://lewisdgavin.medium.com/googles-data-footprint-will-
   blow-your-mind-2237cf8e0d4.
Geis, Anna 2013: The «Concert of Democracies»: Why some states are
   more equal than Others, in: International Politics, 50: 2, S. 257–277.
Geiss, Robin/Petrig, A. 2011: Piracy and Armed Robbery at Sea: The
   Legal Framework for Counter-Piracy Operations in Somalia and the
   Gulf of Aden, Oxford.
Gilley, Bruce 2010: Not so Dire Straits. How the Finlandization of
   Taiwan benefits US Security, in: Foreign Affairs (January/February),
   unter: http://www.foreignaffairs.com/articles/65 901/bruce-gilley/
   not-so-dire-straits.
Gilpin, Robert 1981: War and Change in World Politics, Cambridge.

Glaser, Charles 2010: Rational Theory of International Politics. The Logic of Competition and Cooperation, Princeton.

Greenhill, Kelly M. 2010. Weapons of Mass Migration: Forced Displacement, Coercion, and Foreign Policy, Ithaca.

Gunelius, Susan 2014: The Data Explosion in 2014 Minute by Minute – Infographic, in: http://aci.info/2014/07/12/the-data-explosion-in-2014-minute-by-minute-infographic; 29.04.2016.

Gyr, Marcel 2016: «Carlos» fühlte sich von Bern protegiert, in: Neue Zürcher Zeitung, 07.03.

Haas, Richard 2008: The Age of Nonpolarity: What Will Follow U.S. Dominance, in: Foreign Affairs (May/June).

Habermas, Jürgen 2008: Ach Europa (Kleine Politische Schriften XI), Frankfurt.

Hagopian, Joachim 2015: Global Shift in the Balance of Power Is Moving from West to East, unter: http://www.globalresearch.ca/global-shift-in-the-balance-of-power-is-moving-from-west-to-east/5437388.

Hansel, Mischa 2012: Neue Medien und dissidente politische Kommunikation: Ein neues Feld globaler Governance?, in: Junk, Julian/Volk, Christian (Hrsg.): Macht und Widerstand, Baden-Baden, S. 126–140.

Hawn, Jeff 2015: Russia's Use of Hybrid Warfare as a Tool of Foreign Policy in the Near Abroad, unter: http://www.361security.com/analysis/russias-use-of-hybrid-warfare-as-a-tool-of-foreign-policy-in-the-near-abroad.

Hennigen, W.J. 2016: A Fast Growing Club. Countries that Use Drones for Killing by Remote Control (Los Angeles Times, 22. Februar 2016), in: http://www.latimes.com/world/africa/la-fg-drone-proliferation-2–20160222-story.html; 29.04.2016.

Hoffman, Frank G. 2010: Hybrid Threats. Neither Omnipotent nor unbeatable, in: Orbis No. 1, S. 441–455.

Hollis, Martin 1995: Soziales Handeln, Köln.

Howard Tiffany O. 2010: The Tragedy of failure. Evaluating state failure and its impact on the spread of refugees, terrorism, and war, Santa Barbara.

Huntington, Samuel 1996: The Clash of Civilizations and the Remaking of World order, New York.

Ikenberry, G. John 2008: The Rise of China and the West. Can the liberal system survive, in: Foreign Affairs 87 (1), S. 23–37.

Ikenberry, G.J. 2011: Future of the liberal world order: Internationalism after America, in: Foreign Affairs 90 (3), S. 56–68.

IMF 2014: International Monetary Fund World Economic Outlook. Legacies, Clouds, Uncertainties, Washington.

James, Paul 2006: Globalism, Nationalism, Tribalism. Bringing Theory back in, London.

Jäger, Thomas 2011: Am Nasenring, in: FAZ, 10.03., S. 8.

Jepperson, Ronald L./Alexander Wendt/Peter J. Katzenstein 1996: Norms, Identity, and Culture in National Security, in: Katzenstein, Peter J. (Hrsg.): The Culture of National Security. Norms and Identity in World Politics, New York, S. 33–75.

Joint Statement of the Russian Federation and the People's Republic of China on the International Relations Entering a New Era and the Global Sustainable Development (4. Februar 2022), unter: http://en.kremlin.ru/supplement/5770.

Jones, Bruce 2014: Still Ours to Lead America, Rising Powers, and the Tension between Rivalry and Restraint, Washington.

Kagan, Robert 2008: The Return of History and the End of Dreams. New York.

Kagan, Robert 2012: The World America made, New York.

Kagan, Robert 2014: Superpowers don't get to retire. What our tired country still owes the world, unter: http://www.newrepublic.com/article/117859/allure-normalcy-what-america-still-owes-world.

Kaplan, Robert D. 2000: The coming Anarchy: Shattering the dreams of the post Cold War. New York.

Kappeler, Andreas 2021. Revisionismus und Drohungen. Vladimir Putins Text zur Einheit von Russen und Ukrainern, in: Osteuropa 7/2021, S. 67–76.

Keller, Patrick 2008: Neokonservatismus und amerikanische Außenpolitik. Ideen, Krieg und Strategie von Ronald Reagan bis George W. Bush, Paderborn.

Keohane, Robert 2013: Counter-Multilateralism. How New Coalitions Challenge International Institutions, WZB Distinguished Lecture in Social Sciences, abrufbar unter: https://www.wzb.eu/de/veranstaltungen/counter-multilateralism-how-new-coalitions-challenge-international-institutions.

Khatib, Lina 2013: Quatar's Foreign Policy: the limits of pragmatism, in: International Affairs 89: 2, S. 417–431.

Khong, Yuen Foong 2014: Primacy or World Order. The United States and China's Rise – A Review Essay, in: International Security 38 (3), S. 153–175.

Kirton, John J. 2008: Enlarged Directorates as Effective Global Governance for All. Paper prepared for the Athens-3 conference on «What Makes Globalization Work: Lessons from the Past, Solutions from the Future,» sponsored by the New School of Athens Global Governance Group, Athens, Greece, April 2–5.

Kissinger, Henry 2014: World Order, New York.

Knowles, Elizabeth M. 2006: What they didn't say: A book of misquotations, Oxford.

Kofmann, Michael/Rojansky, Matthew 2015: A Closer look at Russia's «Hybrid War», Washington.

Korb, Lawrence J./Cimbala, Stephen 2022: Why the war in Ukraine poses a greater nuclear risk than the Cuban missile crisis, unter: https://www.justsecurity.org/81040/why-the-war-in-ukraine-poses-a-greater-nuclear-risk-than-the-cuban-missile-crisis/.

Korteweg, Rem 2014: A presence farther east. Can Europe play a strategic role in the Asia-Pacific region, London.

Krasner, Stephen D. 1999: Sovereignty. Organized Hypocrisy, Princeton.

Krause, Joachim 2004: Multilateralism: Behind European Views, in: Washington Quarterly, Spring, S. 43–59.

Krauthammer, Charles 1990/1991: The Unipolar Moment, in: Foreign Affairs 70.1, S. 23–33.

Kupchan Charles A. 2012: No One's World. The West, the Rising Rest, and the Coming Global Turn, London.

Lake, David A. 2009: Hierarchy in International Relations, Cornell.

Liberman, Peter 2010: Does Conquest Pay? The Exploitation of Occupied Industrial Societies, Princeton 1998.

Lieber, Keir A./Alexander, Gerard 2005: Waiting for Balancing. Why the World is not pushing back, in: International Security 30 (1), S. 109–139.

Lindmann, Markus 2002: Im Netz der Wutbürger und Verschwörungstheoretiker (FAZ online, 2. Februar 2002), in: http://www.faz.net/aktuell/feuilleton/medien/medialer-populismus-im-netz-der-wutbuerger-und-verschwoerungstheoretiker-13404738.html; 29.04.2016.

Link, Werner 1988: Der Ost-West-Konflikt, 2. Aufl., Stuttgart.

MacMillan, Margaret 2013: The Rhyme of History. Lessons of the Great War, Washington, D. C.

Mandelbaum, Michael 2009: The Case for Goliath, New York, NY.

McCain, John 2007: An enduring peace built on freedom. Foreign Affairs 86 (6), S. 19–34.

McMahan, Jeff 2009: Killing in War, Oxford.

Martin, Lisa 1992: Interests, Power, and Multilateralism, in: International Organization, Vol. 46, No. 4, S. 765–792.

Mead, Walter Russel 2013: The End of History Ends, in: The American Interest vom 02.12.2013, unter: http://www.the-american-interest.com/wrm/2013/12/02/2013-the-end-of-history-ends-2/.

Mearsheimer, John 2001: The Tragedy of Great Power Politics, New York.

Mearsheimer, John 2010: Imperial by Design, in: The National Interest 111 (January/February), S. 16–34.

Mearsheimer, John 2011: Kissing Cousins. Nationalism and Realism, unv. Papier, Chicago.

Merom, Gil 2003: How Democracies Lose Small Wars. State, Society, and the Failure of France in Algeria, Israel in Lebanon, and the United States in Vietnam, Cambridge.

Monteiro, Nuno P. 2014: Theory of Unipolar Politics, Cambridge, MA.

Montgomery, Evan/Yoshihara, Toshi 2022: Leaderless, Cut Off, and Alone: The Risks to Taiwan in the Wake of Ukraine, unter: https://warontherocks.com/2022/04/leaderless-cut-off-and-alone-the-risks-to-taiwan-in-the-wake-of-ukraine/.

Morse, Julia C./Keohane, Robert 2014: Contested Multilateralism, in: The Review of International Organizations, Vol. 9, no. 4, S. 385–412.

Müller, Harald 2011: Ein Desaster. Deutschland und der Fall Libyen. Wie sich Deutschland moralisch und außenpolitisch in die Isolation manövrierte, Frankfurt (HSFK Standpunkte Nr. 2).

Naim, Moises 2013: The end of power. From boardrooms to battlefields and churches to states, why being in charge isn't what it used to be, New York.

Naß, Matthias 2015: Niederlage für die Finanzmacht USA, unter: http://www.zeit.de/wirtschaft/2015–04/aiib-china-usa-iwf.

NSS 2015: U.S. National Security Strategy, Washington, D.C.

Nye, Joseph 2011: The Future of the Power. New York.

Nyhan, B./Reifler, J./Ubel, PA. 2013: The hazards of correcting myths about health care reform, in: Med Care 51 (2), S. 127–32.

O'Hanlon, Michael 2011: The wounded power: America's Armed Forces in the Age of Austerity, New York.

Pangle, Thomas L./Ahrensdorf, Peter J. 1999: Justice Among Nations: On the Moral Basis of Power and Peace, Kansas.

Pape, Robert A. 2009: Empire Falls, in: National Interest, No. 99, S. 21–34.

Patrick, Steward 2009: The Mission Determines the Coalition: The United States and Multilateral Cooperation after 9/11, in: Bruce D. Jones (Hg.): Cooperating for Peace and Security. Evolving Institutions and Arrangements in a Context of Changing U.S. Security Policy, Cambridge, S. 20–44.

Posen, Barry 2003: The Command of the Commons. The military Foundation of US Hegemony, in: International Security 28:1, S. 5–46.

Pautasso, Diego 2016: Interview: BRICS ist weit mehr als ein von Goldman Sachs erfundenes Akronym, unter: https://deutsch.rt.com/international/36222-interview-mit-diego-pautasso-brics/.

President of Russia 2022: Joint Statement of the Russian Federation and the People's Republic of China on the International Relations Entering a New Era and the Global Sustainable Development, unter: http://en.kremlin.ru/supplement/5770.

Rajagopalan, Rajeswari P. 2022: China's Xi Proposes Global Security Initiative, in: The Diplomat vom 7. Mai 2022.

Rawls, John 1971: A Theory of Justice, Cambridge.

Rawls, John 1999: The Law of Peoples, Cambridge.

Rogers, Keith 2011: Creech Virus a Common ‹Nuisance› Virus Aimed at Online Gaming (Las Vegas Review Journal, 12. Oktober 2011), in: http://www.reviewjournal.com/news/las-vegas/creech-virus-common-nuisance-virus-aimed-online-gaming; 29.04.2016.

Rosecrance, Richard, 1966: Bipolarity, Multipolarity, and the Future, in: Journal of Conflict Resolution, Vol. 10, No. 3, S. 314–327.

Rule, James B. 1992: Tribalism and the State. A Reply to Michael Walzer, in: Dissent, Fall 1992.

Russet, Bruce 1993: Grasping the Democratic Peace: Principles for a Post-Cold War World, Princeton.

Sauer, Frank 2013: An der Schwelle einer neuen Drohnenökonomie (FAZ, 18. August 2013), in: http://www.faz.net/aktuell/politik/die-gegenwart/drohnenkrieg-an-der-schwelle-einer-neuen-drohnenoekonomie-12537028.html?printPagedArticle=true#/elections; 29.04.2016.

Sauer, Frank 2014: Autonome Waffensysteme. Humanisierung oder Entmenschlichung des Krieges? (Stiftung Entwicklung und Frieden, Global Governance Spotlight, Nr. 4), Bonn.

Schmitt, Carl 1991: Völkerrechtliche Großraumordnung mit Interventionsverbot für raumfremde Mächte. Ein Beitrag zum Reichsbegriff im Völkerrecht, Berlin (unveränderte Ausgabe der 4., erw. Aufl. 1941).

Scholz, Olaf 2022: Regierungserklärung v. 27. Februar, unter: https://www.bundesregierung.de/breg-de/suche/regierungserklaerung-von-bundeskanzler-olaf-scholz-am-27-februar-2022-2008356.

Schrödinger, Erwin 1999: Was ist Leben? Die lebende Zelle mit den Augen des Physikers betrachtet, München.

Schweller, Randall 2014: Maxwell's Demon and the Golden Apple: Global Discord in the New Millennium, Baltimore.

Shambaugh, David 2013: China goes global. The partial power, Oxford.

Singer, Peter 2002: AIDS and International Security, in: Survival, No. 1, S. 145–158.

Slaughter, Anne-Marie 1995: International Law in a World of Liberal States, in: European Journal of International Law 6 (1), S. 503–538.

Smith, Martin A. 2012: Power in the changing global order, London.

Smith, T. 2011: Democratic peace theory: From promising theory to dangerous practice, in: International Relations 25 (2), S. 151–157.

Sobczyk, Marcin/Wasilewski, Patryk 2014: 75th Anniversary of Soviet Invasion Offers Parallels, in: Wall Street Journal vom 17.09., unter: http://blogs.wsj.com/emergingeurope/2014/09/17/75th-anniversary-of-soviet-invasion-offers-parallels/.

Sonan Sertac 2014: In the Grip of Political Clientelism. The post 1974 Turkish Cypriot Politics and the Politico-Economic Foundations of Pro-Taksim Consensus, PhD thesis, Eigenverlag Nikosia.

Strange, Austin/Parks, Bradley/Tierney, Michael J./Fuchs, Andreas/Dreher, Axel/Ramachandran, Vijaya 2013: China's Development Finance to Africa: A Media-Based Approach to Data Collection, Washington.

Swaine, Michael D. et al. (Hrsg.) 2013: China's Military and the U.S. – Japan Alliance in 2030, Washington.

Treverton, Gregory F./Jones, Seth G. 2005: Measuring National Power, Santa Monica.

Trotha, Trutz von 1999: Formen des Kriegs. Zur Typologie kriegerischer Aktionsmacht, in: Sighard Neckel u. Michael Schwab-Trapp (Hrsg.): Ordnungen der Gewalt. Beiträge zu einer politischen Soziologie der Gewalt und des Krieges, Wiesbaden.

UN Population Division 2007 (Hrsg.): World Population Prospects. The 2006 Revision, New York, unter: www.un.org/esa/population/publications/wpp2006/WPP2006_Highlights_rev.pdf.

UNAIDS 2021: UNAIDS Data 2021, Geneva.

Van Evera, Stephen 1994: Hypotheses on Nationalism and War, in: International Security, Vol. 18, No. 4, S. 5–39.

Wall Street Journal 2004: The new multilateralism. Editorial, vom 8. Januar, A22.

Walt, Stephen M. 1987: The Origins of Alliances, Ithaca.

Waltz, Kenneth 1964: The Stability of a bipolar world, in: Daedalus Vol. 93, No. 3, S. 881–909.

Waltz, Kenneth 1988: The Origins of War in Neorealist Theory, in: Journal of Interdisciplinary History, XVIII (4), S. 615–628.

White, Hugh 2012: The China Choice: Why America should share power, Victoria.

Wohlforth, William C. 1999: The Stability of a Unipolar World, in: International Security 24, no. 1, S. 5–41.

Xuetong, Yan 2011: Ancient Chinese Political Thought. Modern Chinese Power, Princeton.

Xuetong, Yan 2013: New Values for New International Norms, in: China International Studies 38 (January/February), unter: http://www.ciis. org.cn/english/2013–02/25/content_5755168.htm.

Zala, Benjamin 2010: Weighing up the balance: What role for the balance of power in the twenty-first century?, in: Cooperation and Conflict 45 (2), S. 245–252.

Abbildungsverzeichnis

Graphik 1: Verteidigungsausgaben. The World Bank Group, data.worldbank.org/indicator/MS.MIL.XPND.CD. (Abgerufen am 30. Mai 2022).

Graphik 2: M-score (Militärpotenziale). Berechnet nach Arena, Phil 2012: Measuring military capabilities, in: http://fparena.blogspot.de/2012/06/measuring- military- capabilities.html (abgerufen am 30.04.2016) und Arena, Phil 2012: Follow-up on measuring military capabilities, in: http://fparena.blogspot.de/2012/09 / follow-up-on-measuring-military. html. (Abgerufen am 30.04. 2016).

Graphik 3: Verteilung BIP. World Development Indicators. The World Bank Group, data.worldbank.org/indicator/NY.GDP.MKTP.CD. (Abgerufen am 30. Mai 2022).

Graphik 4: Investitionen in Forschung und Entwicklung. «Research and development expenditure (% of GDP).» World Development Indicators. The World Bank Group, data.worldbank.org/indicator/GB.XPD.RSDV.GD.ZS. (Abgerufen am 30. Mai 2022).

Graphik 5: Exportraten (Datenquelle: Weltbank. «Exports of goods and services, current US$)» World Development Indicators. The World Bank Group, data.worldbank.org/indicator/NE.EXP.GNFS.CD. (Abgerufen am 30. Mai 2022).

Graphik 6: «Chicago Council Survey of American Public Opinion and U.S. Foreign Policy, 2014» S.7. https://www.thechicagocouncil.org/research/public-opinion-survey/2014-chicago-council-survey. (Abgerufen am 4. Juli 2022).

Graphik 7: China stürzt ab. OECD.Stat. OECD, stats.oecd.org/index.aspx?queryid=350. (Abgerufen am 3. Juni 2022).

Graphik 8: Globale Entwicklungen im Bereich der Informations- und Kommunikationstechnik. «Broadband subscriptions pick up in 2021.» International Telecommunication Union (ITU), https://www.itu.int/itu-d/reports/statistics/2021/11/15/subscriptions/. (Abgerufen am 3. Juni 2022).

Weltbank. «Individuals using the Internet (% of population).» World Development Indicators. The World Bank Group, data.worldbank.org/indicator/IT.NET.USER.ZS. (Abgerufen am 3. Juni 2022).

Statista. «Global digital population as of April 2022.» Statista, https://www.statista.com/statistics/617136/digital-population-worldwide/. (Abgerufen am 3. Juni 2022).

Aus dem Verlagsprogramm

Politik und Zeitgeschehen

Josef Braml
Die transatlantische Illusion
Die neue Weltordnung und wie wir uns darin behaupten können
2., aktualisierte Auflage. 2022. 176 Seiten. Broschiert
Beck Paperback Band 6471

Matthias Naß
Drachentanz
Chinas Aufstieg zur Weltmacht und
was er für uns bedeutet
2. Auflage. 2022. 320 Seiten. Mit 20 Abbildungen und 2 Karten.
Gebunden

Bernd Greiner
Made in Washington
Was die USA seit 1945 in der Welt angerichtet haben
3. Auflage. 2022. Broschiert. Beck Paperback Band 6276

Michael Lüders
Hybris am Hindukusch
Wie der Westen in Afghanistan scheiterte
2022. 205 Seiten. Mit einer Karte.
Broschiert. Beck Paperback Band 6470

Adam Tooze
Welt im Lockdown
Die globale Krise und ihre Folgen
2. Auflage. 2021. 408 Seiten. Mit 11 Diagrammen
und einer Tabelle. Gebunden

Verlag C.H.Beck München

Geschichte Osteuropas

Manfred Hildermeier
Die rückständige Großmacht
Russland und der Westen
2022. 272 Seiten. Klappenbroschur
Beck Paperback Band 6493

Manfred Hildermeier
Geschichte der Sowjetunion 1917–1991
Entstehung und Niedergang des ersten sozialistischen Staates
Mit einem zusätzlichen Kapitel über das postsowjetische
Russland 1991–2016
Historische Bibliothek der Gerda Henkel Stiftung
3., durchgesehene Auflage. 2022. 1348 Seiten mit 79 Tabellen,
10 Diagrammen und einer Karte. Leinen

Timothy Snyder
Bloodlands
Europa zwischen Hitler und Stalin 1933–1945
Aus dem Englischen von Martin Richter
6., erweiterte Auflage. 2022. 541 Seiten mit 36 Karten. Gebunden

Martin Aust
Die Russische Revolution
Vom Zarenreich zum Sowjetimperium
2. Auflage. 2019. 279 Seiten mit 10 Abbildungen
und 2 Karten. Broschiert
Beck Paperback Band 6264

Stephan Lehnstaedt
Der vergessene Sieg
Der Polnisch-Sowjetische Krieg 1919–20 und die Entstehung
des modernen Osteuropa
5. Auflage. 2022. 221 Seiten mit 11 Abbildungen
und 2 Karten. Broschiert
Beck Paperback Band 6356

Verlag C.H.Beck München